摩訶毗盧遮那佛

金剛界曼荼羅

胎藏界曼荼羅

日本佛教真言宗高野山派金剛峰寺中院流第五十四世傳法大阿闍梨
中國佛教真言宗五智山光明王寺光明流第一代傳燈大阿闍梨

悟光上師法相

新編江湖風月集

(卷上)

悟光大阿闍梨略傳

悟光上師又號全妙大師，俗姓鄭，台灣省高雄縣人，生於一九一八年十二月五日。生有異稟：臍帶纏頂如懸念珠；降誕不久即能促膝盤坐若入定狀，其與佛有緣，實慧根夙備者也。

師生於虔敬信仰之家庭。幼學時即聰慧過人，並精於美術工藝。及長，因學宮廟建築設計，繼而鑽研丹道經籍，飽覽道書經典數百卷；又習道家煉丹辟穀、養生靜坐之功。其後，遍歷各地，訪師問道，隨船遠至內地、南洋諸邦，行腳所次，雖習得仙宗秘術，然深覺不足以普化濟世，遂由道皈入佛門。

師初於一九五三年二月，剃度皈依，改習禪學，師力慕高遠，志切宏博，雖閱藏數載，遍訪禪師，尤以為未足。

其後專習藏密，閉關修持於大智山（高雄縣六龜鄉），持咒精進不已，澈悟金剛密教真言，感應良多，嘗感悟得飛蝶應集，瀰空蔽日。深體世事擾攘不安，災禍迭增無已，密教普化救世之時機將屆，遂發心廣宏佛法，以救度眾生。

師於閉關靜閱大正藏密教部之時，知有絕傳於中國（指唐武宗之滅佛）之真言宗，已流佈日本達千餘年，外人多不得傳。（因日人將之視若國寶珍秘，自詡歷來遭逢多次兵禍劫難，仍得屹立富強於世，端賴此法，故絕不輕傳外人）。期間台灣頗多高士欲赴日習法，國外亦有慕道趨求者，皆不得其門或未獲其奧而中輟。師愧感國人未能得道傳法利國福民，而使此久已垂絕之珍秘密法流落異域，殊覺歎惋，故發心親往日本求法，欲得其傳承血脈而歸，遂於一九七一年六月東渡扶桑，逕往真言宗總本山—高野山金剛峰寺。

此山自古即為女禁之地，直至明治維新時始行解禁，然該宗在日本尚屬貴族佛教，非該寺師傳弟子，概不經傳。故師上山求法多次，悉被拒於門外，然師誓願堅定，不得傳承，決不卻步，在此期間，備嘗艱苦，依然修持不輟，時現其琉璃身，受該寺目黑大師之讚賞，並由其協助，始得入寺作旁聽生，因師植基深厚，未幾即准為正式弟子，入於本山門主中院流五十三世傳法宣雄和尚門下。學法期間，修習極其嚴厲，嘗於零下二十度之酷寒，一日修持達十八小時之久。不出一年，修畢一切儀軌，得授「傳法大阿闍梨灌頂」，遂為五十四世傳法人。綜計歷世以來，得此灌頂之外國僧人者，唯師一人矣。

師於一九七二年回台後，遂廣弘佛法，於台南、高雄等地設立道場，傳法佈教，頗收勸善濟世，教化人心之功效。師初習丹道養生，繼修佛門大乘禪密與金剛藏密，今又融入真言東密精髓，益見其佛養之深奧，獨幟一方。一九七八年，因師弘法有功，由大本山金剛峰寺之薦，經日本國家宗教議員大會決議通過，加贈「大僧都」一職，時於台南市舉行布達式，參與人士有各界地方首長，教界耆老，弟子等百餘人，儀式莊嚴崇隆，大眾傳播均相報導。又於一九八三年，再加贈「小僧正」，並賜披紫色衣。

師之為人平易近人，端方可敬，弘法救度，不遺餘力，教法大有興盛之勢。為千秋萬世億兆同胞之福祉，暨匡正世道人心免於危亡之劫難，於高雄縣內門鄉永興村興建真言宗大本山根本道場，作為弘法基地及觀光聖地。師於開山期間，為弘法利生亦奔走各地，先後又於台北、香港二地分別設立了「光明王寺台北分院」、「光明王寺香港分院」。師自東瀛得法以來，重興密法、創設道場、設立規矩、著書立說、教育弟子等無不兼備。

師之承法直系真言宗中院流五十四世傳法。著有《上帝的選舉》、《禪的講話》等廿多部作品行世。佛教真言宗失傳於中國一千餘年後，大法重返吾國，此功此德，師之力也。

竹隱居　鈴木子順述

大圓禪和子無空譯

此編是我們沙彌薙染之初習讀之書，有膾炙尋常口頭之虞，是學其法語偈頌之階梯也。不記編者名號，依前賢之所傳，乃蜀之松坡憩藏主所集之書云。然在松坡之作集中，雖有異說，反正是憩公之作無誤。依元之千峰如琬之跋而詳也。載有宋之景定咸淳到至治延祐其間諸高衲七十二人之偈，通計二百七十二首也。

新編並非對舊所擇之言，由松坡始編云「新編」。「江湖」即是馬祖昔居江西、石頭居湖南，是指廣為參歷馬祖、石頭兩家之諸禪衲之義，即江西、湖南之略語也。「風月」是依花鳥風月而吟詠之意云。

目錄

四明大川濟和尚

師是明州奉化人也，法嗣徑山浙翁琰，浙翁嗣育王山佛照光，佛照嗣大慧，出世於靈隱。

琉璃燈棚

《歲時雜記》云，浙西蘇州賣藥舖朱氏之燈，稱天下第一，其燈以琉璃而作諸物。蓋地方之慣例，上元之夜各家懸美燈以示其景況，如日本之盒燈籠，棚是可以看做燈臺。上元即正月十五日，是日漢家之天子祝太一於甘泉宮通夜達旦。然依此偈即似乎正月初一。「三元」即歲之元時元日之元也。

冰壺凜凜玉龍蟠　吐出明珠照膽寒
好是山堂無夜月　一天星斗墮欄杆

第一句是看到琉璃燈之境。琉璃燈即像現在硝子製之琉璃色的燈，像冰製之壺透明的形容為「冰壺」，「凛凛」是指其燈之玲瓏，「玉龍」即是其燈有付著龍形之文藻，其龍如真，一見靈氣自露，此句即活動琉璃凛凛的文字之手段。第二句「明珠」之字亦於其龍有因緣。龍會弄玉之物，此以燈看成明珠，由玉龍之口吐出，照著我們令其瞻會寒云，「寒」之字可以看做慄。第三句一轉而成作者之對琉璃燈的評句，掛上這樣好結構的琉璃燈，又付飾著上品的燈棚，對於明月之夜而言，雖燈光蕭蕭是徒勞的，不能引起光影，恰好正是上元之夜無月，山堂真晴，燈光照著暗夜都有寒氣迫人之感。第四句，雖是暗夜一天晴朗無雲，澄晴中的星彩隱藏下界一樣，琉璃燈之光影於欄杆，點綴連續，好像天星的連續來象徵此境。

借最初之偈，聊付妄案恐有招來大方之嘲笑，請諸仁者些子容此管見。此偈全體第一句至第四句，均以順境而立之言，盡是讚美琉璃燈之境。然第一、第二句是就琉璃燈而詠其形容，屬於那邊之境。第三句、第四句即作者看到琉璃燈之本地風光，屬於今時，文章自有曲折之法。以上是句法。今以作者之本意來鑿空而論，「冰壺凛凛玉龍蟠」即是大川之慧光，假琉璃來輝自己之慧光。「山堂」即是依報之境，無月無明窟裏有如星斗之光輝，此說甚過於關涉，但作者之本意，尋常然不離此處也。

金剛大士相

「金剛」是金石中最精堅之物，百煉不消，以堅利而觸斷壞萬物，如正宗之名刀，「大士」是菩薩。《四教集解》註云：大非小，士即事也，運心廣大而能建立佛事，故云大士。其外尚有種種之說，略之。

註：以《金剛經》之文而畫觀音大士之像。且《金剛經》有列金剛四菩薩之名，就以此偈亦是金剛春菩薩之事云。何來的狡童之誑戲，令人不覺噴飯之至。

大士應身三十二　一身三十二重非
金剛正體是非外　鵲噪鴉鳴無了時

觀音大士是應眾生根機而應現三十二身。第二句，什麼三十二身，亦不是小鬼的翫具店，何故徒出三十二觀音，法身元無相無出沒，一身都麻煩事了，況乎重疊三十二呢?第一句與於拈提本則之「應身三十二」，第二句從頭去奪卻，古云「二由一有，一亦莫守」。第三句，本則是全體之評唱：元來以《金剛經》文而畫出觀音，字字文文皆是金剛之正體也。金剛般若是堅利之智慧，即觀音之聞思修之三慧也。以此三慧斷壞一切妄念妄識盡無餘，故云是非之外，至此始至法身無相之境而應現三十二身甚至千億化身，隨心所欲，坐水月道場，修空華萬行。第四句是耳根圓通，雀噪蛙鳴，犬吠猫叫，從朝至夕無休止，依此入於三慧門，歌而不墮聲塵，為大士之法門。

鑿空曰：得耳根門頭一切音聲輪轉轉入即是普門，大丈夫秉慧劍鵲噪蛙鳴總是一切陀羅尼門也。若占此一如來常可應現三十二身，八萬四千之塵勞妄想即成八萬四千法門，雖云是非之外還是墮揀擇之見，然若即是非可顯正宗，是為遮顯法。

私按：《法華經‧普門品》中舉出代表性三十二種應度對象，是指某一種應度之對象，要修觀音法門而得度者，不必改某身份，以其身份當體修之都可以得度，革凡成聖不改其面，化魚為龍沒易其鱗，表徵其法門是普門的，眾生何其多，法門豈限於三十二，法門應度三十二即應身三十二、應度千百億即應身千百億，應身是以應度對象而象徵的。

吹笛術者

《史記》有《日者傳》，日者即術者也，「術者」即以干支推占人之吉凶之占卜者也，此術者吹笛得占吉凶云。

慈峰古曲無音韻　知命生先知不知
甲乙丙丁庚戊己　陽春白雪鷓鴣詞

第一句騫頭與於一拶，大川住於明州之大慈寺，故謂「慈峰」。下一拶云：術者由依笛音之調而占人之吉凶禍福者，請占我家之古曲看看，我家之笛是無孔笛無音韻，如何吹奏都沒有音聲。第二句「知命先生」者即指知天命的術者之意，知命先生如何呢？我家這裡之一曲是不可以音律聞之，無音韻之一曲聽了如何？又所占如何？果然知也不知？第三句即云：術者所知者是十干十二支，故提撕了「甲乙丙丁庚戊己」，略舉十干文字，文字之敷限不堪具舉。第四句，「陽春白雪鷓鴣詞」即皆古曲之名，此古曲盡是慈峰之古曲也。術者判斷如何？請向於無音韻之上判來看看。今處十方空之境唱無音韻之古曲，術者固然無著腳手之處，請更參三十年再來！

鑿空曰：《祖庭事苑》云：《張華博物志》說，「白雪」者是大帝命素女鼓五十絃之瑟，曲之名也。又楚之大夫宋玉嘗對楚之襄王云，客郢中有歌者，其始謂下俚之巴人云，國中屬和者數千人。次為「陽歌」薤露，時國中屬和者只有數百人，故其「陽春白雪」在國中屬和者數十人而已。後引商刻羽以雜流徵，時國中屬和者不過數人，是以彌彌高唱，其和者彌彌寡。《交州志》云：鷓鴣之聲南慕北思，南人聞之則思家，有鷓鴣天詞云云。以上皆是琴歌之曲。

今大川借用笛之曲，此偈是提撕唯一則之自家庭以檢術者也。第二句以下是作成結問，自為一體裁。三、四句即集雪以為句，不費工夫在字句之間存其風韻，而十四字盡是「知不知」三字為基因，可謂妙手者也。

因《夢溪筆談》記云：世稱善歌者曰郢人。《襄陽耆舊傳》雖云：「楚有善歌者，歌〈陽菱白露〉、〈朝日魚麗〉，和之者不過數人。」無復〈陽春白雪〉之名，蓋「陽春白雪」是否指是等之曲。

謝故舊書

謝舊友寄來之書面也。

書頭道德磨星斗　書尾名山天子除
事緒中間千百萬　看來逆耳一言無

第一句以書翰之順序，帽頭先讚美我道之高，述其文章如磨星斗放了燦然之光。第二句之「書尾」即手簡之終，述其由天子名山除目之慶幸，（《前漢書》之註云：除者，除舊官、授新官也）。第三句，書之中間如引萬端之緒，書得委細盡其實情。第四句，一句以結自始至終文章之段落之讚美法、慶賀法、叙事法，盡備婉曲情誼沒有逆耳的語句，切切思思之友情也，實是表露信友之義無餘也。

送川道士

「川」是地名。蜀是今日之四川省，當時蜀人謂川，則如云川僧林。「道士」是身心順理，唯道是從者也，行煉丹之法，能仙術者也。

丹竈功成氣似虹　掀翻丹竈到無功
雲遮劍閣三千里　水隔瞿塘十二峰

第一句是道士之本事，以修煉丹為起句，煉丹法有內丹法與外丹法。第一句是舉外丹法之功，以諸品之尊法來煉丹，其丹煉成功，服食之即能避谷精神健強氣如虹。第二句是內丹法，起先下乘之煉丹法是以五行混合為丹成，中乘是精神混合為丹成，上乘是情來復性為丹成，最上乘是至性命共打成一片之地為丹成。今此句，「掀翻丹竈到無功」之故性命打成一片之地也。是至無功用之最上乘者也。不用長生不死之丹藥都成為過去久遠劫以盡未來際不生不滅之道士也。則掀翻丹竈之處，捕魚棄筌，獲兔忘弓，主人公已在氣海丹田中，何須假用丹竈煉丹呢?第三句、第四句述其為蜀之路的艱險，送人之情也。蜀有岷峨的險山，非越過劍門閣的棧道三千里不可，十二峰是在巫山縣的東三峽。在百里之間，曰望霞峰、翠屏峰、朝雲峰、松巒峰、集仙峰、聚鶴峰、淨壇峰、上昇峰、起雲峰、飛鳳峰、登龍峰、聖泉峰也。放翁《入蜀記》曰：入瞿塘峽兩壁相對高聳入霄漢，其高險如刀削成，仰天視之如匹鶴，然水已落峽中云云。念其域此難所真是苦勞千萬之意，但是已經修成煉丹仙法的道士，一定是心身輕快飄飄然，都是山嶽險峽無阻的寓意亦照應第一、二句而發之。

因在舊說記云：第三、第四句是拈提聞偃溪之句來用以此，又此句頌是石溪月之頌云。鑿空氏曰：此句若如其說，余惑甚云，聞偃溪同是浙翁下同時之人也，何故拈他人之句來送人否。如石溪月乃是大川之後輩，顯然露出舊說之妖尾甚為可笑。然依《傳燈》之所載，「送僧」為題有「雲遮劍閣三千里，水隔瞿塘十二峰，抖擻屎腸都說了，莫教錯認甕為鐘」之詩。此詩亦此方之傑作相似，不知大川「雲遮劍閣」之二句兩度送川人而用，無法考證。

慈峰千佛閣

「慈峰」即是淨慈，淨慈有西湖，又有千佛閣。一說亦有大慈寺，亦有鏡湖亦有千佛閣。〈吹笛術者〉之句若果是大慈寺，此處亦當作大慈寺亦無不可。

朶朶湖山千古佛　重重煙樹一樓臺
善財到此不彈指　盡大地人歸去來

「朶朶」是樹木重森之貌，又形容重疊成重山之境，譬喻說青山重疊樹木重森，遠隔湖水眺望所見其貌都如佛頭。故云「千古佛」，即此湖山當相也。「重重煙樹」亦是承起句之形容。「煙樹」即綠樹重密之所。遠見如煙故云煙樹，其中有樓閣，但細看是煙樹之當體樓臺也。亦有煙樹蒼翠的一體看來是「一樓臺」，入於煙樹之中不知有幾萬的樓臺之含意。第三句即請善財出來證其千佛閣，這是華嚴會上的善財童子，遊歷百十餘城訪道，最後到了彌勒的樓閣前，樓閣閉而不開，善財童子在嘆氣的時候，彌勒菩薩現前，善財禮拜而求之請開樓閣令他進入，彌勒菩薩到善財之前彈指一聲，樓門大開善財入內，樓門即復元閉鎖，善財迴覽其中美境，出現百千萬之樓閣，一一樓閣有一一彌勒住在其中，其諸眷屬皆一一領善財禮拜。此偈第一、第二句是湖山當體則千萬億佛也。煙樹儘是千萬億樓臺也。第三句一轉語，若果善財到此亦不必憂慮。不請彌勒來彈指，樓閣門亦開著，故云「不彈指」云。請盡大地幾億兆之人民，或請所有蠢動含靈都可以來看，朵朵湖山之千佛頭，重重煙樹之美樓閣，當體盡現在眼前，豈善財一人可以入佛境界，盡大地的人都可以入佛境界，若是無法看到的話，是否要歸去再來或想要如何？試問盡大地之人如何得入彌勒之樓閣？鑿空氏曰：「樹色參差綠，湖光瀲灩明。」

私按：心淨國土淨，當下即淨土。溪聲鳥語廣長舌，山河大地法王身。

寒衲

「衲」者已破壞的布片縫製之衣也。即如鼠咬衣、水田衣等其類也。勿論僧人得凌寒而為足，不著美服之謂也。

針鋒不露重重補　　線腳通時密密參
放下無針無劄處　　凍雲垂地一肩擔

第一句即是集布片縫合製衣，百綴千補縫成衣形，達者即所縫之處不露線目、不見針痕。衲僧之修行亦相同，外表看得甚用功，嗅修行味濃厚氣息的修行，還未成為真的修行；真的衲僧不漏密密的工夫風聲，沒有修行氣息的。第二句之線腳通處是一線路通。法身理體有一筋絲大的慧光貫入時，不放鬆其處，非順其線路線線密密參上去不可。以上有功用之當體也，此即所謂參禪修行難透難解的累積功行。若果其功用入手即如第三句，到何處都不離寒衲之本則，一轉而「無針無劄」，無針之劄是不見縫目，無劄目之處，無嗅修行味之處亦不住。縫綴之工作悉皆放下的時，即成一領完整之衣也。縫與綴是未成衣之先，衣成即不用縫綴工夫也。第四句，其衣掛在肩上出來的時，其光景即所謂：「佛性戒珠心地印，霧露雲霞體上衣」，真是一個尊貴的羅漢，還是不離寒衲本則，「凍雲垂地」形容與衣之形象故用此文字，寒氣迫人的時空，一肩擔了此衣即可忘卻寒凍入於安樂的境界之意也。

私按：修行成功的時，世上之煩惱苦痛都消卻入於安心境地。

魚父

漁樵耕牧是無作之作用也。是養成遁世隱逸生涯之趣，如云彼嚴子陵之「萬事無心一釣竿」的境界。畢竟師家為試學者，多令作如此之頌。

岸草青青水上舟　夜深高臥荻花秋
夢回一曲漁家傲　月淡江空見白鷗

第一句舉其漁父之棲處，在江岸草荻青青之處停泊著小舟，過著天地渺茫悠然之處的生涯，垂絲千尺心在深潭只一竿。投水之外沒有任何餘念之趣也。漁人多以船為家，夜間寢宿船上，白晝操舟飄飄然住居不定也。上無片瓦覆頭，下無寸土卓杖的境界中，任恣江湖風煙為我物。第二句是終日釣魚弄煙波，推櫓於西移船於東，草卧深夜分於蘆荻之花邊，泊舟高鼾打卧，可見其無我無心也。第三句，任其寢後蘋花之夢醒來一見蓬窗之下無誰是禪者，那時唱了一曲的船歌，「漁家傲」是曲名也，傲即是漁人任意所作之曲調來唱故云「傲」。將竹筒貼了河豚之皮坯、恣意打唱云，現在吟了詩人之詩同時打漁鼓就是此也，五更寢飽徒然自慰與興云。第四句是全篇之一結，夜之深更已過，向著曉明的時候，月亦自然減光變為淡月，綠色的江水糊模，其相映之處白鷗一齊飛來，浮在水上尋著早餐。此句最有力，起句以「岸草青青」來興象江湖之真趣，至此取來淡月白鷗為材來陶寫其真境，的確是得到畫虎添斑之法，況乎綠水白鷗其色殊分，有高深的匠意之處。

三山介石朋和尚

出世於杭州淨慈寺，徑山浙翁琰和尚之法嗣，大慧下也。

夢宅

「夢宅」是號頌，四句盡不離〈夢宅〉的格式為作例也。

六窗深閉大槐宮　一枕清風瞬息中
窮劫至今佛與祖　樓頭知是幾聲鐘

第一句「六窗」即是六根，眼耳鼻舌身意如六個窗，色聲香味觸法之六塵由此通透，生出一念一念的喜怒愛樂哀惡慾，此六窗若閉起來即有目不見物，有耳不能聞聲，怎麼是閉，人若深睡眼，雖有呼吸都與死人一樣。大槐宮者各方諸知識者均提倡《槐安國語》故定是大家所知的，依之付與略解：大槐宮是起於淳於棼之故事。棼是吳楚之間的遊俠之客，好酒，家住東平郡之東，家邊有一大槐樹。棼一日集其酒徒於其下，痛飲而終致病，醉後當場卧其東邊廳廊之下，夢中忽見來了二位被紫衣之使者，見棼而禮拜云：「槐安國王遣臣等來奉迎賢者。」棼不知何事，下榻入門，左右車馬侍從數人皆盛飾莊嚴，把棼之手登車。出戶有古穴，指其入其中，忽見山河勝景，風物與人間無異。行約十里有都城，左右具有守衛，出入頗嚴，行入大門，門樓牓掛「大槐安國」之字樣。忽有騎武官馳來，傳曰：「王慰棼駙馬自遠方到辛勞有嘉，接待於東華宮。」小時許又見開了一門，棼自館下降堂宇視之。金碧彩錯無以言諭，時逢故人周辨、田子華。在叙舊之間，聽有人喊「相至」之聲，棼下階一揖。是相國也拜棼而云：「賢者不卑弊國來到國內，寡君今有少女，擬囑賢者以作婚姻，願得尊諾。」棼曰：「貧生陋薄也，豈敢其望。」一座相因請棼攜手出館，行數步至殿堂，唯一人素服華冠獨坐，其儼然如君王者之尊，令左右拜棼。王曰：「有辱賢者之尊諾，奉一少女為其偶雖不當，敬請配之。」棼無以為對，但只俯伏。王曰：「卿可回館舍。」未幾羊雁之弊咸左右備嬪御侍從，翠步躞蹀彩錯玲瓏，少女號金枝公主，標緻姣好也。棼交之頗歡娛。王一日謂棼曰：「吾南柯郡事理，已黜廢太守，欲卿依之典之。」與卿少女共同可行，遂命勅役人幫備甚盛行裝，行至城門見榜書「南柯郡」。棼在此為主二十餘年，妻偶因罹病不過旬日而死，贈謚順義公主葬於國東之盤龍崗。時王謂棼曰：「卿去故國已久，可一次歸之。」棼曰：「家即此也，將歸何處也。」王笑曰：「卿本人間之族也，其停留在此。」棼一時似悟，王令左右送棼至門，登上西階見之，他臥在東廳之下。棼甚驚怪，使者又呼棼之姓名數聲，棼方大覺醒。因此出戶外探尋槐樹之下有穴，使僕人取斧斷其樹根，尋見之穴下，究有袤丈餘之大穴，平坦洞然，中可容一榻，又有積壤如臺榭，群蟻補之，此即蟻王槐安國也。又有一穴，有如腐龜殼大如斗之小墳，高尺餘即棼之妻順義公主之基也云云。今〈夢宅〉之譬喻引蟻瀏之槐安國故事。第二句槐安國中二十年，實是一枕醉夢中之清風與爽快的寢眠之瞬間者，人間一生亦同於槐安一夢之間了。第三句「窮劫」是窮劫初，至今日次次生生出世之諸佛歷代祖師之概言也。劫是梵語，云劫波略音也，中國譯為分別時，此有種種之數量，人壽八萬四千歲以為一劫，有罌粟劫、拂石劫等之喻，今略之，凡都是指其世數之長也。《楞嚴》之註，儒云世，釋云劫，道云塵，以之可知。看做過去久遠之昔至今天就是。以上佛佛祖祖皆是出現於夢中說夢，大乘小乘之說法亦於淳于棼之夢中在槐安國相同。眾生之妄夢愈深，佛祖之誓願之悲夢亦愈深，所以用「夢宅」來切頌者也。第四句「樓頭知是幾聲鐘」者，忽然鳴出五更數杵之鐘聲，是夢或是覺請仔細聞取之，此為百尺竿頭進一步之法云。

材。

送侍者歸隆興

「隆興」即江西,滕王閣之所在,所謂南昌故郡、洪都新府也,所以引滕王閣為材。

霹靂聲中躍怒濤　諸方甕甕奈渠何
欄干十二滕王閣　暮雨朝雲愁恨多

洛浦之安禪師久為臨濟之侍者,禪師一日辭臨濟。臨濟曰:「去甚麼處。」師曰:「去南方。」濟以柱杖劃一劃曰:「這箇還得便去。」師乃喝之,濟便打,師作禮。濟明日陞堂曰:「有一條赤梢鯉魚搖頭擺尾向南方去,不知向誰家甕甕裡淹殺。」第一句是此侍者亦如辭洛浦臨濟之時的下了一喝告暇,其聲霹靂如震晴天,像赤鯉之躍怒濤驚瀾一樣,活潑潑地之勢歸往隆興。第二句不知誰家文字改為「諸方」,「甕甕」者甕是膾酢也菹也,甕即汲水之瓶,甕甕即菹漬之器。蓋此侍者參到什麼知識都無他的對手,無奈何他也。沒有人能切膾此赤鯉之意也。以下之句是地方之風景而詠的,是述其侍者之自適徜徉之境界。隆興之邊有滕王閣的名跡,唐之王勃詠詩云：「畫棟朝飛南浦雲，朱簾暮捲西山雨。」實是好風光之處，不堪今昔之感所也。蓋侍者不但沒被諸方宗師淹殺，還將此風景為自家屋裡之風景，以意志觀一般之妙境處於悠然。「愁恨多」不是憂恨之意，是不堪今昔之感的妙境依地靈之所起也。故云悠然觀其風景的興象也。無法表露之義也。

惠山煎茶

《韻府》，惠山在常州吴天觀之後。東坡有詩云：「獨攜天上小團月，來試人間第二泉。」古抄有第三之水，又有為第二之水，總而言之要品茶須先擇水。鈴木先生茗趣長崎時逢一位中國人名馮鏡如，曾讀《茶史》，而知中國古來珍重團茶，故贈與山科白雲茶人製的團茶。鏡如寄詩曰：「東坡佛印好詩多，品茗時聞穀雨歌，曾試新泉與新火，龍團一味極甘和。」依此待可見水龍為選擇之必要。火有生火熟火之別，熟火日本曰口火，生火是高度之強火，新火即生火，現在茶家即於温涼爐盛炭，載於白泥之湯瓶，以爐扇鼓風，以此為生火煎茶，中國之選擇生火即此也，是煎茶之必要口訣也。

瓦瓶破曉汲清冷　石鼎移來壞砌烹
萬壑松風供一啜　自籠雙袖水邊行

第一句「瓦瓶」即素燒之瓶，至為素劣之謂。破曉即日未出早晨略有曙光之時。夜之微明頃老僧從草庵出來，往惠山之溪川汲天下第一清潔之名水，「冷」指水之清澈。第二句將其水汲來倒入草庵中之石釜中，置於翻瀉為壞砌的石杯所疊之竈上烹煎。有解釋壞砌為砌石之庭此誤也，階砌杯為砌之熟字只用於庭者大誤耳。像疊庭石層層杯的模樣也。此句看做竈並無過失，言「石鼎」、言「壞砌」都是盡述山居老僧之質素冷地之趣。第三句「壑」是溪谷，汲萬壑流來會合在惠山之溪川水來烹之。故有如萬谷間之吹來的松風之聲，其湯湧沸，將其揚起之處入茶一啜，以文句看來是有同座之客共同品茗的，自他共賞其茶之清爽氣味與紛紛的香氣。第四句借而於自身手前有如何的茶之清香即別置，是依著境地之清絕山水之甘熟，才有如斯出了難得的茶味形容亦不定，此乃詠其早晨吸著清冷的空氣，因為肌寒故老僧將手籠入雙袖往水邊的興象，述其樸素的老僧老境之高致也。

靈隱聽猿

《稽古略》第二云：東晉咸和元年，西天竺惠理法師來遊震旦，至浙西杭州，見山巖秀麗曰：「吾國中天竺靈鷲山之一小嶺，不知何時飛來，佛在世時多為仙靈所隱，今此亦復爾耶。」有洞舊有白猿遂呼之，白猿應聲而出入，始信之，飛來峰由之得名。法師即地建兩刹，曰「先靈鷲」「後靈鷲」，法師宴坐之。巖曰理公巖云云，仙靈之隱處以名靈隱者歟。「聽猿」是否依白猿典據，古抄介石和尚本錄作孟將軍贈猿。

此心未歇最關情　那更猿聲入夜頻
從此飛來峰下寺　又添多少斷腸人

第一句從頭，頌得了所謂破顯法，只此之一心根本的若休歇，就無什麼猿啼鳥囀來牽連心情，今聞到猿啼會感入情緒者即此心根本無有休歇所致，而自責我心深以為咎，抑了「心生種種法生，心滅種種法滅」而在此云。第二句「那更」即自咎之詞也，元來靈隱是自古有白猿故事，關係猿之處很多。又孟將軍更贈猿於此，其猿共在入夜頻啼，尋常靈隱之山是寂寥之淋山，聞此猿聲令人一層感覺寂寥，應該是依猿來愛好寂寥的，但是此心修得來休歇的人，因見物聞聲而被其牽到迴旋，此為來至休歇去歸家穩坐的境界之故也。正宗國師曰：空屋無主人亦同，狐狸入住亦好、猿入住亦好、杜鵑聽了進住亦好，斷猿此夕讓沾衣，此唐人之所賦也。日日時時依見物聞物而念了入替主人公，真是無法支配的此心也。大死一番底滅智灰心去後作麼主？是此聲！咄！「枯木裏龍吟」，「髑髏裏眼睛」。第三句飛來峰是靈寺之在處，元來是靈隱就有猿，又孟將軍來贈猿，自此夜夜猿啼。第四句，聞了此聲又不知出了多少斷愁腸的人呢？斷腸《世說》云：桓公入蜀至三峽中，部伍中有得猿子者，其母緣岸哀號行百餘里不去，遂跳上船至便死，割其腹視之腸寸寸皆斷，公聽之怒命黜其人。《復齋漫錄》云：「《峽州記》：行者歌曰：巴東三峽猿鳴悲，猿啼三聲淚沾衣。」

鑿空氏曰：此偈以第一句本則之提撕看，「此心未歇」之故有關於情，夜夜之猿聲述其念念悲哀斷腸未歇之情，蓋飛來峰下所住的盡是未歇之人而已，何更多有斷腸之者呢？已是斷腸始為休歇去，抑此猿聲介石之一則話頭也。「斷腸人」卻有多少，未斷腸者置之不問。若斷腸始為介石門下兒也。余打按吟之曰：一種此聲無限意，有堪聞有不堪聞。

淵明

陶潛字元亮，又曰淵明，晉徵士潯陽柴桑人，大司馬陶侃之曾孫也。少有高趣博學不群，為州祭酒，不久解歸，召主簿不就，後復為彭澤令，不以家累自隨，在官八十餘日，郡遣督郵至。吏曰：「應束帶見之。」潛歎曰：「我豈能為五斗米折腰，向鄉裡小兒！」即日解印綬去，賦《歸去來辭》，著《五柳先生傳》，徵不就，自以光世為晉臣，自宋高祖王業漸隆，不復肯仕，終世號晉徵士，靖節先生。

田園稔久已荒蕪　歸去來兮自荷鋤
眼底悠然見不見　黃花歲歲狀難如

「稔」忍枕切上聲，音「侵」。第一句述淵明之慨嘆，所謂：夫樂天命復奚何疑之意也。稔字不可為年，稔即穀熟之義。田園穀熟收之後復施肥加犁鋤即復元之沃饒，捨之置於無耕已成荒蕪，是順境而流加德行即反成逆境。晉之天下不能千萬世之太平，為得人以施德教，「昊天不惠降此大戾」。彭城已有劉德興之出生，此是晉之天地荒蕪之兆也。一句正著眼於淵明之大議論而注意仔細吟誦之，勿容易看做淵明為彭澤令。家累妻子不隨，在官八十餘日解印綬而歸田，即是知天命之樂復有何疑也。然是淵明自己之事而已，至於天下大事淵明獨力是非能所支者，唯樂天命之處退隱守自私而已。第二句淵明守自私云，淵明之賢是樂天命歸去我田園來荷鋤耕荒蕪安於勤苦也。晉之天地的荒蕪卻無人耕者。第三句應第一句而開著眼，悠然看見南山，但不見得如南山一樣維石巖巖高節的晉之朝臣，望中遂為劉寄奴奪國，亦是天命也。曹魏奪劉漢，司馬晉奪曹魏，司馬晉遂被劉氏奪，然淵明是晉之臣，見此豈快哉！我見之都沒有像南山高節的人。第四句獨隱逸守自私，鍾處東籬之菊，此花年年歲歲秋暮眾花謝盡後，傲霜而發香，我亦守全勉節亡國後，唯在東籬之下的一片地載義熙之甲子。義熙是晉安帝之年號，即淵明為彭澤令之時也。「狀難如」是晉之山河的狀態，不能像黃菊年年不改色開敷而不改其薰香之義也。

鑿空氏曰：介石禪師宋末之人也，其詠淵明即詠自己也。淵明隱逸於東籬之下逍遙自得樂天命，介石亦晦跡靈隱以猿猱為伍，逍遙無心樂天命於白雲幽石之下。故此偈似詠史但即是述其自己境界。「眼底悠然」之句尤力也。時我屋裡的眼睛來看時，淵明悠然見南山，介石悠然見南山；淵明之眼是在司馬晉，介石之眼是在不見；夫唯不見成何色相，黃菊歲歲不改色香亦是不見之處，何狀如之者也。抑不見而始樂天命復奚疑，樂字異於歡樂是至樂也。諺云：苦中有樂之樂同義。下篇是〈上宰公〉之偈可參觀之。

上宰公

鑿空氏案之，介石是景定間之人，此偈是可贈賈似道之作。賈似道之奸：買公田貪己利，為人臣昇極品，而於元虜稱臣納弊，繼史高元而毒殺忠臣，遂至亡國。介石有慧眼何可與賈似道，然似道是國之宰相，不能陽而斥之，此偈含有多少之諷意呢？

蓮社當年結未齊　遠公頭若暮雲低
且容踏雪招靈運　歸送淵明過虎溪

此偈是用晉之慧遠法師之典據而作，蓋介石此時在廬山，已此比遠法師。當時遠公在廬山之東林寺，謝靈運一見肅然心服，就於寺觀翻《涅槃經》，作金台掘白蓮池，池中之台名翻經台，故遠公結蓮社念佛修白業，號之白蓮社。靈運雖是晉室之貴戚，其心不純一故雖皈依遠公，公嫌而不許加入白蓮社，故第一句云蓮社「結未齊」，應該令靈運一齊加入，然後濟度其雜心亦無不可，但嫌之不許入。第二句遠公會活到何時呢？頭已如暮雲低重變白了，若不早將靈運濟度都是餘命不多了。一說為勸諸人加入蓮社，遠公才低頭如暮雲低重而形容之，蓋此鑿說也，不可從。第三句，遠公即以揀擇心而嫌靈運，介石是以平等心而以蹈雪忍寒欲招賈似道去參禪，此靈運即指賈似道也。謝靈運之賢與賈似道之奸雖不可比，因為他是晉之貴戚與時之宰相，所以假借起詞者也。第四句，偶而道士陸修靜者與淵明共入山訪遠公，遠公喜而迎之道話而移時，又送之不知不覺過虎溪。虎溪橋是靈運所架之橋，遠公謂何揀擇心甚也，遠公送淵明、修靜攜手而行不覺渡過其橋互顧大笑云，遠公一向不送客到門庭前云，此句一步近言者，應該以平等心，將賈似道的奸相，何不以如陸修靜、陶徵士之道來相攜，相忘於形骸之外，以渡虎溪時之境界加以接納的意思。有送陶淵明過虎溪之事，「歸送」之二字尤要緊之字眼也。

蓬州西巖慧和尚

師住天童山、號西巖了慧，無準師範禪師之法嗣也。

病翁

此偈成為號頌，蓋撰為〈病翁〉似乎有以為不吉之號，此和尚的此號有大大注意之處。如維摩居士示悲病於毘耶城裡，垂與回小向大之方便，抑見聲聞之小乘即是居士之所疾，眾生之煩惱即居士之所疾也。故云悲病。悲愛眾生有能所示之病也。今此和尚亦悲禪門之病而自號病翁，西巖以其意頌之。

八萬四千毛竅裡　如來禪與祖師禪
一回白汗俱通暢　忌口更須三十年

凡人體一身有三百六十骨節，八萬四千毛孔，故第一句先舉病元之形體。第二句禪具足而言曰禪那，即是印度語，中國譯為思惟修，又為普智，為斷煩惱之結業故云思惟修，以不可得之道來照破一切，復消其業結之處云普智。總而言之如來禪即是有經論為據點，說其經路之禪。祖師禪是達磨西來之後以「直指人心，見性成佛」為宗旨的，遂而一棒喝之上發揮無說之宗旨的禪。然當時如來禪與祖師禪在叢林嘖嘖然多有評論故，其評論皆蟠在八萬四千毛孔裡，諸方禪者都以為得禪之貌。夫惟道，元不可得也，有什麼禪之禪可得，以謂有禪之禪則禪病也、禪魔也。苟滯此者實與吾道相左，假令得透盡千七百則之公案，原來他是他修底，只是向人所誇之我相也。固然是自救不了，而增長我見，自己救之不能也。道何在此也。第三句，「一回白汗」者禪熱之所滯之病，一有真箇修行之徹底，將從前之惡智惡覺根本的與此發汗拔除，若果八萬四千的毛竅之塞盡令通暢，始得到精神快朗，本然之真性的主人公方會健全。此句佛曰得病汗全損即此也。第四句，「忌口更須三十年」，發汗已病痊癒，但要能慎於口，不可亂吃有毒之物，假令一次徹底，又入於妄想塵勞之中，依種種事而妄話遂而被境轉，馳於煩惱之順境變成精神虛蕩，不覺中又中禪病也、教病也。世病等侵入，遂使此悲病翁加重其病，眾生之病痊癒自然輕鬆，眾生之病重自然悲病為病重，與眾生共病與眾生同起。故古人云：「水邊林下費卻鹽醬二十年」，病後靜養是重要的一環，衲僧亦相同，悟後之修行是最重要了。二十年是言大概，起碼亦須先長養聖胎二、三十年方成的意思。

閑田

此是偈之號也。五祖之頌曰：「山前一片閑田地。叉手叮嚀問祖翁，幾度賣來還自買，為憐松竹引清風。」這語氣自相似也。

秦不耕兮漢不耘　钁頭邊事杳無聞
年來又有秋成望　三合清風半合雲

第一句舉秦漢者文字之裝飾也。閑田即沒有耕耘之地也。即無功用之境界也。鑿空氏曰：上古三皇五帝文武周公即在聖人位，統垂治民之時皆是如皇皇王者之政，民不知不識隨帝之則。即無功用之世也。東周衰諸侯爭權，國國為政有異，強取弱，大即令小合，上下相淩，六國七雄以各合縱連衡之計攻伐侵略日無休息，此乃無功用之世已去。開啟有功用之端，秦起而一統天下，虎狼之暴政刑名之學出，漢其後雖受此，猶不取上古聖治國之範，故秦漢以下皆名有功用之世，蓋「閑田」之號是排斥秦漢有功用而立言的，第一句殊覺有力。第二句「钁頭邊事」者，固然無耕作之地，不知自何時代已經休作的，對於用鋤犁钁頭開耕的事是杳聞的，這種事我們自所知以來不曾聽過。第二句即述其無功用。而第一句舉秦漢之世為本則，第二句之以钁頭付與著語，以虛來接無功用之實的句法。第三句，「年來又有秋成望」，已經言田，然不無望收秋穀之實。元來本具之真性是由過去久遠劫，窮盡未來際無變異的，只有功用之妄想所涉，終失其本具之天真風光。第四句之「三合清風」者，田地依然是田地，無人去耕作亦不失田地之真價，芳草青青之處有三合之清風來，又起半合之雲，足養衲僧真修之境界，此處即我道秋成之望也。因人之耕作而有肥糧嗅氣之處都無法養其境界出來，是排有功用而入無功用也。二句以實接虛的句法，三合是對十之三分，不過強而有微微愉快之清風云。半合亦是浮雲淡淡處的意思，以此解為上下四維六合之半杯是附會可笑之妄解也，不可取。

送人之江西

唐人的風俗，對於客人之賞翫待遇，都用別甑來炊香米來供養。此人別非對米有因緣，是從俗來起第一句的。

一粒收歸入大倉　可憐別甑不炊香
簸箕唇外打㬹跳　八十四人皆粃糠

第一句，此僧上乘根之傑物也。收歸於大倉之萬億粒都沒有可敵此一粒者也。本錄有「一粒收成敵萬倉」之句。此「大倉」是指江西之道場，先舉一粒後以大倉受之。第二句「可憐」云云即引米之機緣，「別甑」即是上米故此可用別甑炊之。甑即炊飯之器，上古黃帝始造云，即今之釜也。然此時誰都不知此僧是傑物，所無人以別甑而炊，特別待遇之者，云可憐也。第三句，江西昔時是馬祖所居之道場，暗中寫其意也。「簸箕」即簸米揚糠去汚之器。箕亦同義，元來「箕」字是堅溪之切音「雞」，宿之名也。蓋以星而形容者云，詩之《小雅》有：「維南有箕不可以簸揚」之句，又《曲禮》有「坐毋箕」，註云兩展其足狀如箕舌之謂，伸展兩足前闊其形如箕，是種無禮之坐法云。箕踞等亦此義。然即是簸箕乃是揚米去糠之器。「唇外」是其簸箕之外唇，指箕之先端也。形容揚米擇粃糠時之勢。「悖跳」即飛躍，即請將箕簸揚令出粃糠云。第四句，江西昔時馬祖門下有八十四人善知識，假使現在還有八十四人居住，我此一粒米若投入其大倉，可能是皆粃糠而被簸出。此托上此僧之頌也。即捧托此僧送其將入江西也。

送僧之中川

「中川」即指溫州永嘉之江心。

龍湫雲冷不成眠　聽得樵歌一曲全
莫切喧傳江上去　此聲不入釣漁船

此偈是西巖和尚住於雁蕩山之能仁寺時之作。第一句，「龍湫」者即雁蕩山頂之大地，即是雁蕩也。其下有潭，曰龍湫。此僧多年在雁蕩之西巖和尚處修行，冷坐於龍湫之雲中終夜不眠而勉強用功。第二句，果是雁蕩山中之事，那麼樵歌是樵夫日日所唱，山中人一定是聞之甚解其妙處，此樵歌是西巖自家的那一曲也。第三句，今汝往溫州之中川，在其江上切不可喧傳此一曲，因為漁樵原來其業不同，山中樵歌江上漁人是不知其妙音的。第四句，此樵歌之聲於中川江心的釣魚船唱之決定無法入耳的。天下知音少也。不會得之人是無用的，卻會被其嘲笑而已。鼇空氏曰：舊說天衣業海是元中川人，此頌是謗天衣門下之語，此甚附會也。天衣是徑山晦機之嗣，晦機嗣育王之物初，物初嗣淨慈之北澗，北澗嗣育王之佛照，佛照是大慧之門下，天衣是大慧之孫出，是俊傑之宗師，西巖何能誹謗天衣，近來往往有誹謗他之孫脈所出者之弊，甚難聞之若事也。苟且有印證之宗師不可妄為誹議。昔外道罵佛，佛默聽而止罵。佛曰：「汝持禮隨人去嗎？人受禮汝可將禮持歸否？」外道曰：「可持歸。」佛曰：「今汝罵我我不受，其惡汝持歸去好也。」況乎身為宗匠那有誹議宗師之理，蓋為接學者之權便抑揚諸方乃非我論之處，唯可慎慢侮為宜。

頑極

此亦是號頌，「頑極」即以石比也。看是頑石諸佛出世亦不喜，現三途地獄亦不畏。

千古生公臺畔石　分明與我是同流
我儂更勝渠些子　說到驢年不點頭

第一句，「生公」者秦之道生法師也，此舉生公來應末句也，「千古生公」即是昔時在生公臺畔之石云。第二句「分」是與我之頑極都同流之石。第三句，「我儂」亦是我們的意思，儂俗謂我之義，雖我與其同流，但我之頑極還是勝其生公臺畔之石少少「渠些子」之處。第四句，生公臺畔之石昔時生法師向其説法而點頭，我此頑極是無論怎樣説之，到了驢年、貓年、狸年、幾萬年都不會首肯點頭的，我法何可以言説而點頭呢？我道説之亦無聞。

樵隱

賣柴不為買山居　與世交關與世疏
借取擔頭些子力　不曾將口說中書

此是號頌也。「買山」之字是支遁之典實也。支遁字道林，學通內外典，晚年入會稽剡山沃州之小嶺，買山為嘉遁之鄉云云。在此句曰支遁買山遁世為居，今此樵隱即真是入於樵者之遊戲三昧，其採柴來賣是樵者事，但貪其價擬買山的妄念無之。支遁曾以文學出入權門，買山居乃是　年之樂，此樵者沒有那樣的餘情之樂，真的樵者三昧也。山是隨處山，何起愛著心買一片之地，白雲無心而山出山入。他之買山居既是一場之擊驢撅也。第二句，「與世交關」者，樵者賣柴非與世人交易不可，厭世有何益，與世交關決非壞事，然不可執著世情，故云「與世疏」。元是樵者也，賣柴吾事足矣，何故關涉世上事。第三句，明明說出自己之本然。一肩一力自擔自賣，我力儘用於我分，豈可借人之力，如支遁那樣乃借深公之力來買山，樵者不依何人。第四句，愈樵隱也假令與世交關亦決不關世情事，像中書省之政事趣向事決不說出口，亦無意關心。如今天之議事政體即三家村里樵父牧童，動不動都大論政事，評議大臣。今此樵隱之遊戲三昧是本來樵隱也，徹底純金之樵隱也。像其他駁雜的樵者，涉及政論，似乎政客，元來都沒有技能，樵者就是樵者，此非斯其胡亂漢也。中書是三省之一，中書省，門下省，尚書省等也。唐之開元年中，中書省政為紫薇省。

送僧歸湖南

「湖南」是勝地，所謂瀟湘八景之處。

白紙無端墨筆書　分明一句卻模糊
青燈夜雨湘江上　添得平沙落雁圖

第一句，此僧要歸湖南，前來求送行之偈，依之向將其持來之白紙，用墨亂書一片的意思，「無端」即不及分別之義。第二句，無分別而率眾書了一句，卻已污了紙也。「分明一句」是什麼意思，大概是胡亂無章呢？怎麼生是「分明一句」，即「青燈夜雨湘江上，添得平沙落雁圖」也。歸湖南途中都有瀟湘八景中之湘江夜雨如平沙落雁的圖畫美境，分明之一句寫出此景色了，明明歷歷地看到也卻是糢糊也，其境界請任你去看，抑非我書在紙上之偈，請真實往其處觀其境色作為我物。一說解為：瀟湘夜雨為唐之方語云無分曉，平沙落雁為鳥亂云，鳥亂即形容鳥之亂飛，瀟湘之八景皆是現成底公案，既然寫在紙上之偈，若果糢糊塗鴉，即成無分曉鳥亂了，是寫其美景之詞也，解釋為紙上鴉塗無章是甚穿鑿，不可取也。

鰲山店

澧州有「鰲山」鎮，「店」即置物販賣也。然開創新田園之處為勸興而置邸店，所以將其處為名為何店，此習俗有之。此偈述雪峰巖頭之商量也。

雪鰲寒擁玉稜層　門釘桃符似不曾
將謂已無閑鬼祟　客牀猶有未眠僧

第一句形容降雪所積之山，或云形容寄於雪鰲的巖頭之嶮峻之趣。第二句，桃符之典是出於《山海經》，雲海中有鬱壘山，山有桃木，桃下有二神，能啖百鬼，故元旦設桃符於門。又云東海度朔山有大桃樹，幡屈三千里，下有二神，一曰鬱，一曰壘，並執葦索以繫殺不祥之鬼云云。「門釘桃符」即用此典據，所謂十分用心故沒有惡魔所覷不必擔心之意。「似不曾」即並非已前就有預防，巖頭之心永遠都有釘桃符，決不會被天魔外道所覬覦，此句是巖頭於睡眠中檢雪峰之趣云。第三句，愈愈入主位，以上之次第即沒有何者可伺其屋裏了。「閑鬼」即佛見法見也。那裡有佛、法等之無用物會來寄心，這種閑逸人是沒有的，所以安心熟睡了。第四句，可是意料之外，雪峰未睡還在坐禪，看見巖頭睡覺，即叫巖頭：「師兄師兄。」巖頭曰：「作甚麼？」雪峰云：「箇漢行腳到處為他帶累到此今日又只管打睡。」當時巖頭心想他還不睡，咄了怪事，這閑鬼：開目便喝！曰：「若睡眠去！腹飽即眠，每日在床上坐禪都沒有殊勝，不趣味！他日魔魅人家男女去在！」裝模作樣欺騙爺與婆令其喜歡之意也。雖然如此，此一著使雪峰大悟，故云「客牀猶有未眠僧」。

鑿空氏曰：第一句巖頭、雪峰之境界相照相映如雪鰲之玲瓏云。第二句忽來拈提巖頭之瞎睡底，二句以陶寫法由客觀而呼起主位。第三句始立巖頭之地位，法之本法至無法。第四句巖頭之睡眠，雪峰之不眠，是雙映雙照。總括全篇為斷案一著，天籟之餘音穿卻天下人之耳底也，可謂有力之句。

三山偃溪聞和尚

大慧下，育王佛照－徑山浙翁－徑山偃溪廣聞也。俗姓林氏，師年十八得度受具，初參歷鐵牛印、少室睦、無際派等，遂參天童浙翁，鍼芥雖投，自知未穩在，再往徑山參之。翁笑迎之曰：「汝來耶。」一夕坐在簷間聞更三點，入堂曳覆蹶起，忽如夢覺，翌朝造室。翁舉趙州洗鉢之話。師將吻啟，翁遽止之，平生之疑情當下冰釋。紹定戊子出世於小淨慈，後歷任於香山、雪竇、萬壽、育王、淨慈、靈隱、徑塢等之諸剎。

羲之故居

王羲之，字逸少，晉之孝宗穆帝之時人也。為右將軍，知於會稽，「故居」在會稽山陰縣，即現在之天章寺也。山水明媚多有名士居之，永和九年三月三日，修褉事於曲水蘭亭，羲之、王獻之、謝安、郗曇、王豐之、孫綽、李充、許詢、支遁等三十六人在此會宴，有羲之記。

亭前不改晉山河　亭下春風屈曲過
我亦不知賢者事　細挼花片付流波

第一句就義之的故居感起，山河是晉時，但不知世態經過幾盛衰了。義之是東晉的人乃五胡亂華之時也。當時征西大將軍桓溫克蜀亡李漢而威名大振，朝廷懼之，攝政會稽王昱，楊州刺史殷浩有盛名，朝野以推服引為心膂參與朝權，欲以抗溫之勢，因之互貳相疑，浩亦舉義之為大將軍，義之以為內外共和然後安國家當朝，浩不聽。當其北伐義之又遣書給浩曰：「今以區區江左，天下寒心已久矣，力爭武功非所可作。」浩又不聽，遂大舉北伐而敗績。偃溪禪師以在宋末中華之晉時相同心理，將義之故居而起感者也。第二句，「亭下」即義之所造之効魯亭，又有稽考亭，其亭下有曲水迴流，故云「春風屈曲過」，均是蘭亭也。乃晉之山河也。第三句，「我亦」即是憶起義之的境遇，我今日亦與義之同感，但是義之的賢愁國之亂而採花齅其香，其意卻不知其感是相同，蓋林下之外士雖與右軍其事不同其感亦同。第四句「細挼花片」是指義之在晉之當亂，終日默坐捻花齅香的心情，時人不會其意，蓋憂晉之亂也。故前句云：我亦與當時之人相同，雖不知賢者意，但到了時節花開得爛漫，就會憶起義之的事，而採花片挼之付流於曲水之流波。山河之佳處，花木之香氣今昔不改，天地並無變態，但人世惟危也。即寫此感者也。鑿空氏曰：欲問花來處，東君亦不知。挼花而見中間皆香，其香將何處來何處去？蓋向上而論之，第一句是萬古不變底也。即生佛以前之境界，第二句是現成公案，第三句是不識不會衲僧本分之一著，第四句是自利利他之行願也。

送琴僧

唐有琴棋詩畫之四僧云。

十三徽外見全功　卻與尋常調不同
去去莫彈鳴鶴怨　老僧門外有松風

第一句舉琴之本分，「十三徽」者琴有七絃十三徽。昔舜彈誦南風即是五絃之琴，後加周文王之一絃為文絃云，武王又加一絃為武絃，都合七絃也。徽即是分音之調子之處。絃乃合聲以為君，徽以分律為臣：十二箇月加閏月為十三也。徽是圓形以螺鈿作之。或有金徽玉足等琴云。今「十三徽外」者，舉徽兼絃之句法也。字數平仄的都合關係以徽舉之的樣子。衲僧之妙曲是不在徽或絃之上的，是向其以外去見全功的，畢竟無絃琴也。第二句，卻與尋常底之調不同，抑何之曲調呢？「耳聞不似心聞好」。第三句，「去去」即要去快去，像鳴鶴怨的尋常俗調是不要聞的，請不要彈，大概是否指十三徽外的全功。第四句於此露出偃溪之藏藝，老僧門外都奏著松風的天籟，即十三徽外之妙韻也。蓋為送琴僧依之聞奏松風自然之妙韻，亦於尋常之松風不同，試問？不同之處如何，曰「風韻颼颼遠更清」。

越上人住庵

越之生緣之人，往其生國越住庵所送之偈。

越山入夢幾重重　歇處應難忘鷲峰
後夜聽猿啼落月　又添新寺一樓鐘

第一句，是越山的人常會思慕其故鄉越山，幾次夢見歸鄉，如其夢這次正要歸去住庵了。第二句，雖然回去越山，但應不會忘去此休歇之處的鷲峰靈隱啦！時偃溪住於靈隱，越之上人來此悟了一大事因緣，休歇萬事之處故，送此之時云難以忘記鷲峰，是甚親切之句也。第三、四兩句，述具鷲峰之風情佳境，靈隱是猿之名所，後夜落月之頃聽聞猿啼而坐禪時的肅然寂寥之境是不可忘的。「新寺」是寧宗慶元三年十月，在靈隱之西建時思薦福寺，是指此歇。其寺後夜之鐘與猿聲相和的落月清寥佳境是無法忘記之意也。

褙語錄

「褙」是補妹切，音「背」，襦也。《說文》云：襦是短衣，今此即於書籍加付表紙也。偃溪是大慧下之人。此語錄一定是大慧之武庫。

路不齎粮笑復歌　三更月下入無何
太平誰整閑戈甲　王庫初無如是刀

第一句，述其太平之趣，旅行中不齎粮食，所到之處都有人親切勸進中食，不必憂心也。故悠悠快樂地進行異觀異聞的旅行。「笑復歌」是人得其所甚樂而榮，以之為太平之頌。第二句，路程的關係行將暮亦不厭，三更夜半踏明月亦可以往擬定之處，都沒有什麼出現強盜的危險之世間也。恰似入於無何有之鄉了。《莊子》之〈逍遙遊〉曰：「今子有大樹，患其無用，何不樹之於無何有之鄉，廣莫之野，彷徨乎無為其側，逍遙乎寢臥其下」云云。以此文字取來形容太平之象。以上二句是述語錄之宗意，悟得底之無為、無事，大休歇之趣以比太平而作。第三句，「太平誰整閑戈甲」者，麼武庫云：此太平時代如此之武器即盡屬閑骨董了。然有誰人在整置武庫呢？此用抑下法。第四句，「王庫」在《涅槃經》云：「譬如二人共為親友，一者王子，一者貧子，如是二人互相往返，是時貧子，見是王子有一好刀，淨妙第一，心中貪著，王子後時捉持是刀，逃至他國。於是，貧人後於他家寄臥止宿，即於睡中寐語：『刀，刀。』傍人聞已，收至王所。時王問言：『汝言刀者何處得耶？』是人具以答王曰：『王今設使屠殺臣身，分張手足，欲得刀者實不可得。臣與王子素有親厚，先與一處，雖敢眼見，乃至不曾以手振觸，況當故取。』王復問言：『汝見刀時相貌何如類？』答言：『大王，臣所見如羊角。』王聞之已，欣然而笑語言：『汝今隨意所至，莫生憂情，我庫藏中都無是刀。』」云云。以借此文字付名為武庫云。然起初是宗文太平，如是文字之干戈成大刀是無用的，有本來一物之秘藏寶，並無如羊角形之大刀在我寶庫裏，武庫之語錄亦是無用的。裱褙而整之何用，大慧既燒卻圓悟所評之《碧巖錄》，偃溪是大慧下之傑物，可見自有其機鋒也。然褙者抑何之意耶？偃溪之卓見在此，見師而齊即太平德，偃溪眼中已無武庫，偈之語錄之綴絲已斷，加褙紙而置整綴，豈揀擇其語錄哉，一念頭已無，雖眼前有數萬之語錄汗牛充棟，我王庫裡無如是刀，欣然與笑語曰：隨汝意之所至去也，莫憂怖也。

琴枕

此題即云如琴形所製之枕也。東坡琴枕之詩云：「《孤鸞》《別鵠》誰復聞，鼻息齁齁自成曲」云云。此付於「琴枕」之例為題，與本偈沒有關係。

仰山推出太溈前　一種沒絃妙不傳
合眼黃昏開眼晝　正音端的落誰邊

第一句以溈仰宗之機緣舉為本則。聞偃溪是大慧下之尊宿，其言句之勁健，恰如鑄成古琴，可謂《大雅》之餘音乎，因之舉本則機緣。在仰山寂和尚之處，僧問：「法身還解說法也無？」和尚曰：「我說不得，別有一人說得！」僧曰：「說得底人在甚處。」和尚推枕子，溈山聽得此話曰：「寂子用劍刃上事。」危險之義也。夫法身乃如來之理體，沒有四大之色身，若是應身佛即具足四大六根圓滿可活動說法，但法身理體那有說法之理由，故僧設此難問，當處仰山即云「我說不得」，此處有深意也。法身佛如是便當處現成，云「別有一人說得」，又是一作略也。若是勉強要聞別有說法之人也。此僧是否未見到法身佛雖是疑問，無論怎樣此僧向來是箇鼻息硬強之者，故就仰山之語而直問云：「說得底人在甚處。」仰山立即將枕推出云：「聽啊！鼻息齁齁自成曲。」鑿空氏曰：溪聲便是廣長舌，山色豈非清淨身，夜來八萬四千偈，他日如如舉示人。自曰：休休遲八刻。聽此　山此商量曰：「寂子（仰山）用劍刃上事。」突出閃電光正宗之刀，太危險了。鑿空氏曰：殺人刀、活人劍，五時八教四十九年三百餘會，聽之，依此機緣以作〈琴枕〉。故云「仰山推出太　前」而頌之。雖非推出溈山之前，用要略法斯作其頌也。第二句，「一種」者非通常所擇之詞也。「沒絃」是通用於沒字或無字，所謂無絃琴也。法身理體之說法是無音聲的，固是無絃琴也，其妙韻不傳也。仰山云「我說不得」，山雨蕭蕭松風稷稷在何處聞著，咄咄劍刃上不得用鼻先盲目去振撥正宗的，危險了。不小心即會負傷。如胡椒直呑故妙不傳，對機說法，經曰：佛以一音說法，眾生隨類各得解云，此妙不傳如何聞？咄！鑿空饒舌唇皮靡爛。第三句，「合眼黃昏」，琴枕有如何妙韻呢？即夜安枕合目而寢也。又夜明即推枕起來作事也。一定之事也，不傳之妙即在此。若知琴中趣，何弄絃上聲？第四句，「正音端的」之「端的」即是當處之意，抑此琴枕之正音何人能於其端的聞之有落著也。「落誰邊」是何人能當處有落著之意也。

四明虛堂愚和尚

師是四明之人也。其法是松源下也。密庵傑、松源嶽、蓮庵，虛堂愚而嗣之，出世於嘉禾之興聖，歷任光孝，明之顯孝、延福、瑞巖、婺之寶林，四明之育王、柏巖、杭之淨慈徑山等諸各剎。東邦之建長之大應即其法嗣。由是大德妙心滾流，今東海禪瀾之激動實乃可謂師之源流一滴所淼漫者也。

鑄印

昔時中國之天子擇命大將之時，即鑄印與之。大將之者佩其印而指揮兵士，漢高祖築壇擇韓信，鑄印與之，如此之類也。今宗師家授與公案，攻破妄想六賊之魔軍而興，此頌是建立門，有功用之作略也。

袍著金花勒小驄　揚鞭幾度月明中
黃河界上空來往　直至而今未樹功

第一句，形容著錦袍乘名馬。飾有金花之布曰錦，亦是以金絲織出之布。「勒」即鞚御其馬也，制駿馬之驕馳而馭也。頌其大將穿了緋威之鎧甲還金鞍於駿馬而騎乘的威風。第二句是明月之夜揚鞭夜襲的形象，述其大將之大機大用底之處。第三句「黃河界上」者，宋南渡之後，理宗之端平元年，與蒙亡同盟滅金，元人與陳蔡以為界，引各師歸朝，陳蔡以東南之地為宋，以陳蔡之西北為元，以之天下中分。其將趙范、趙蔡等擬復三京出師爭河南之地，元人以黃河之水灌宋軍，宋師遂敗，其後趙蔡、孟珙等數次與元交戰，互有勝敗，「黃河界上空來往」即形容其當時之狀況也。第四句，是大將出征印授不歸，未取全局之勝利以凱旋，纔破賊軍又至墮敗也。我衲家亦相同，歷歷佩如來之正印，欲破六賊而刻苦艱行，但未奏全局之功，其中六賊又侵入也。六賊即眼耳鼻舌身意，其六賊有隨著色聲香味觸法的妄想之種在迴旋，不知不覺之中侵入我心王八識性田，故要至克己復禮之地是不容易退治妄念的。孟珙等擬復蜀是不容易凱旋的，恰好以此偈頌之口「直至而今未樹功」，此偈為建立門之自受用境界也。雖指弄古人之宗旨，亦是自己其時之比興自在為我境界來詠出的，樹其功是聲聞之境界也。不樹功乃自利利他之大菩薩的行願也。現身於五慾眾生界共眾生而垂方便之謂。

銷印

此題與前題相反，前題是鑄印授與大將，凱旋後解軍職還印綬，銷滅其印也。此乃掃蕩門之無功用之境界也。

鐵鞋無底飽風霜　歲晚歸來臥石牀
一對眼睛烏律律　半隨雲影掛寒堂

第一句，大將佩印征伐胡軍時，「鐵鞋」縛著堅固的鞋紐，不厭風霜之辛苦奔馳朔邊，不知鞋底已經撥落，以精勤忠君愛之志想而戰。這是衲僧家之一則話頭，常掛在胸間，歷參江西、江南之諸叢林，杖笠衝雨，忍饑盂鉢，骨剛貌頳可為雲居之羅漢亦無能追及之處，於是始證衲僧之真韻。第二句，「歲晚歸來」者，即邊塞之事已經收拾，歸來解印綬還朝廷，還是臥於元來之石牀樂居林下之高趣，不去更論功賞的關係。有「斬除頑惡還車馬，不問登壇萬戶侯」等詩，如斯真的忠誠不是為我立身出世戰勝敵人貪慕身榮紳貴為目的，是至誠為國粉骨而後已，豈有顧及戰後之榮也。衲僧之修行亦如斯，畢竟戰勝五欲六賊為我真精神之修行也。若果一朝觸機徹見本然之真性後，即來所謂「水邊林下費卻鹽醬二十年」，以為將來成為名山之管長而被綺羅錦繡之榮華而修行者，乃違戻本來我們衲僧之誓願，此謂剃頭外道云。如斯之輩無論如何透過古則公案即作糞亦無用！噫，「陷人坑子年年滿」，以這樣的人為伴，遂而墮落陷阱，請須照顧腳下，不如枯坐石上也。第三句，以下述其安坐石上之境界。雖然返印成為閑散之身，在於疇昔龍驤虎　之間，叱咤怒號之眼雙瞳律律之人。第四句，「半隨雲」形容其律律之眼，半是看雲之遠，半是在寒堂坐禪看經，故云「半隨雲影掛寒堂」，下「半」字之一字而得要略互顯法也。「掛」字義通廣用，可著眼以寒堂中之百端處，抑在修行中刻苦光明必盛大，眼光律律當體以寓其今日萬事休罷之境界中，半是雲影，半是寒堂，隨處為主立地皆真，印銷無事行履之當體也。鑿空氏曰：〈鑄印〉〈銷印〉二偈，只是寓如當時趙宋之感慨者也。「黃河界上空來往」之句又覺最為慨嘆不堪的意味。

夫南宋之金冠陸梁萎靡，靖康之役，徽、欽兩帝虜中在北轅，終崩於穹廬真惡之下。爾來女真，相尋蒙古為寇，秦檜、史嵩之、賈似道，又相繼為相，雖塞下有岳飛為始，孟珙、張世傑等不乏其人，不能擅展手足，如何掣肘姦相，國運漸漸退步，故不問鎖索，不論朝野，苟有道之士雖在巖穴，起愛之志無不呼天籲地者也。況乎虛堂和尚奉敕歷董官寺，堂嗇白雲一片之天恩，其聲音之所發自有感情在，且於〈鑄印〉〈銷印〉之題，請我諸道德採其志，正其道，雅其聲，庶幾髣髴古人之所。

送人之金陵

戰國之時，楚之威王以為此地有王氣，以金埋鎮之，故云金陵。宋謂江寧，元云集慶，置江南諸道行御史台，故云南台，偈中之「南國」之字即此處也。

良宵桂月皓中庭　蛩在青莎葉底鳴
別我寸心如寸鐵　不知南國幾多程

第一句，「良宵」即是良夜，秋夜明月之時桂在爛熳，夜間漸漸肌寒，都是遠客思鄉之時，像桂花明月開離別之筵的好時期也。第二句，蛩是在青莎葉底，青莎是一名香附子，庭外茂生的看附子中有蛩鳴之，此頌秋夜蕭蕭之趣境，似乎有悲別之感。第三句，「別我」者，此人精神堅固而密密修行，如鍛鍊鋼鐵去鍾至真鐵一樣，此時愈有離別的決心，其堅是平素修行底所鍊治的。「寸心」是寸衷，「寸心杯」熟語為「心」，諺曰「胡椒一粒亦自辛」等之例言也。雖六尺分段之大身有一寸之心，但其心已瀰漫於全體，故舉小揚大之該詞也。其寸心如已滿足其鍊治之功非常堅硬，一旦要別就別，其行處萬里一條鐵猶如寸鐵，決不差呢？以此一句為偈中之骨子，如見此僧之風貌，而是其造句之流麗不見寒乞相之痕跡。第四句，「不知南國」之「不知」即不確實之詞，並無是不知南國之意，可以看做不悉知，又可看做放下之詞，把住南國為目的地，放下不計其行程之遠近，用倒語法之造句更覺勁健云。老杜之「紅豆啄餘鸚鵡粒，碧梧棲老鳳凰枝」等之倒語尤多也。句意是行程如何不知，雖往金陵路途遙遠，卻在行程之間翫秋色，其現成公案用來鍊治寸心寸鐵，「行亦禪，坐亦禪，語默動靜體安然」，踏斷了此妙境，路之遠近即不必計較了。仙崖和尚曰：「行腳路越關處，又有關處五十三關」亦似馬屁之數？咦？「不知南國幾多程。」

送人之萬年

本錄為送惠禪人之萬年，萬年在台州天台縣，昔東邦明庵榮西禪師為斯朝禪門之始祖，遠航宋國，謁虛庵敞禪師受宗門之旨，並稟受菩薩大戒之處。一說平田與萬年同處云。又萬年寺舊名為平田院云。尚未知是何也。

鼠入錢筒伎已窮　　十年蹤跡眼頭空
而今又問平田路　　山舍半吹黃葉風

第一句，至修行究竟地云，鼠為搜索食物入於錢筒之中，其筒諸而只有錢，入去亦無食物可取，要咬破其底因錢堵塞無法咬破，要翻頭亦不得，鼠之伎倆窮也。惠禪人亦如此鼠，入虛堂之室擬求佛法，但其庭已窮無物可求，至此從前之惡覺的伎倆已窮盡。第二句，十年已來行腳，撚舞了法身之機關的難透言詮與種種古則公案，一入虛堂之室中，從前之伎倆盡皆在眼頭空盡無餘。咄哉？到得歸來無別事，廬山煙雨浙江潮。第三句，惠禪人已前雖在萬年寺，而今又向其方面去，歡喜平田路，來來去去為什麼？第四句，漸入佳境。恰如晚秋時，成為現成底黃葉山山錦，此諷詠畫錦之黃葉歸萬年。萬年曰：「虛堂有何言句。」曰：「山舍半吹黃葉風。」

送人省母

十年來往浙東西　捱得頭荒露伏犀
因語編蒲米山老　不堪秋夜聽莎雞

第一句，浙東有明州之育王、天童、雪竇等名藍，浙西有杭州之淨慈、靈隱、徑山等大刹，云歷參東西巨刹之名師辛苦來往十年。第二句，其十年辛苦中共積歲月而頭禿露出伏犀來，「伏犀」即高鬢上小許之處，云額上也。「捱得」即延緩之義、漸漸之意。一說捱與崖通，頭禿如崖云云，此俗說，不可從。此詠其逢母之時舊顏已變異之相。第三句，省母之時都全述說古人之話。古時睦州陳尊宿身貧，編蒲造鞋賣之養母，睦州高安住米山寺，因母老以歸鄉寓開元之閑房自養之，故俗云陳蒲鞋，以此話頭來擬此僧省母。第四句，「莎雞」即絡緯，如蝗有班，振羽有聲，一名梭雞，蓋蟋蟀之類也。香附子茂生之處所居之蟲也。蒲鞋皆以其類草所製，思出「米山老」之話來詠此僧省母臨別時之殊不堪其情，「莎雞」則呼起米山之秋聲也。

送人歸沔水

本集：送珙侍者之沔作。光化縣漢水是出於嶓冢，是水有四名：曰瀼、曰漢、曰沔、古時屈平〈漁父〉作辭之處。故又云滄浪。

漢江漠漠水東流　摝蜆撈蝦休未休
蒲葉半凋秋著岸　子歸無口笑巖頭

第一句，乾坤不盡生氣流動之義，漢江之水漠漠地廣大向東流，古往今來不改其東流也。第二句，借巖頭之機緣來一撈入之諷其珙侍者為人度生之活動。昔巖頭禪師值唐武宗之會昌法難沙汰，還俗渡往鄂州湖邊守居，以濟度眾生之時有僧，辭巖頭往雪峰之處。巖頭於臨別時云：「雪峰茲問汝，巖頭近口如何，但向彼道：『在鄂州湖畔以三文錢買箇撈婆子，每日撈蝦攎蜆且恁磨時過。』」僧到雪峰，峰果問：「甚處來？」僧云：「巖頭來。」峰云：「巖頭有何言句？」僧如巖頭所教而答。峰云：「窮鬼子得恁麼快樂。」「撈婆子」即是木枝之圓形所張網，其幹為柄，捕獲魚類之具也。「窮鬼子」即貧乏走了也。此僧歸沔水之故鄉後撈攎蜆蝦果否萬事休罷也不休罷也，蓋漠漠之漢江水的生氣流動之中，那麼多的蜆蝦盡將撈得盡是否萬事可休罷否，若言休亦不是，若言不休亦不是，即今何云。「撈」是鈎撈之義，用器具投入水中取物之意；「攎」即擄，掠獲也。眾生是否盡濟度無餘之意也。第三句，水邊之蒲都枯凋一半，秋氣已經行渡至岸畔了，此僧之修行亦相同其歸故鄉逐蜆蝦之境，是否半途已凋？第四句，請歸去故鄉看看是否與巖頭之「攎蜆撈蝦」且恁麼過時的境界有合點之處，若完全合點即任汝拍手呵呵大笑。然逐蜆蝦之境而修行止於半途，都無口能笑巖頭。第二句是照應，皆一句中之表裏互顯法也。萬事休罷即是眾生濟度，休不休而攎蜆撈蝦時，細大是否不漏、是否通通濟度了麼？若言休即落休，故休否的意即顯不會落休底；未休即修行未熟，故讀做「未休」即顯默默度生之意，此謂之表裏互顯法云。第四句，「無口笑巖頭」，已笑何意？巖頭為值會昌而沙汰渡守，為人度生，這有何可笑？若笑，此僧未穩在也。何故？這未入此佳境可知，然即笑亦不是。笑亦不是，由表面奪理以見即今何耶而顯裏面。鑿空氏曰：呵呵大笑。

送人之南國

本集有通藏主之南國，「南國」是建康府也，吳、晉、宋、齊、梁、陳六朝之都也。

春入長淮野燒青　六朝遺事鏡中明
臨崖細剝苔紋看　大半無人知姓名

第一句，白樂天詩云：「離離原上草，一歲一枯榮。野火燒不盡，春風吹又生。」由此句轉化而來的，離別之時已入春，臘月之燒野又呈現青青來了，寫出氣候與景色來壯通藏主之行色。第二句，建康是六朝之都，若言其遺事，猶有寺院或城廓之遺跡在，但有懷舊之情難堪，山野草木之榮枯開落依年年歲歲有其極限，但人事之榮枯無極的，六朝之君臣今何在，人事之不可期如此而明也。第三句，愈入於懷舊，吳之石頭城的崖石，刻有浯溪之碑等留其當時之人事，但年代經久，生苔字亦蝕得不明，故以剝落來讀之。第四句，東坡的《赤壁賦》云：「方其破荊州下江陵順流而東也，舳艫千里旌旗蔽空，釃酒臨江橫槊賦詩；固一世之雄也，而今安在哉」云。如斯也，昔曹操之英雄威名轟動天下，子孫代漢幾至帝王，其人今何在？況非曹操者乎。大半不知其姓名者多呢！在此碑之人當然盡皆是當時之英雄，其人今何在！餘意應第二句，雖六朝遺事有宮殿之趾，或墳墓之位，唐彥謙之所謂，「漢朝冠蓋皆陵墓，十里宜春下苑花。」真是如何的英雄豪傑亦是人間五十年，唯有萬古不易之者我道在，杜牧之「南朝四百八十寺」或當時之英雄、宮室、都皆歸陵墓了。「四百八十寺」之「寺」今尚存，道德所存之處萬古不變，人事如懸鏡之所見也，應第二句有含餘意在。

跳珠

周燾天竺觀激水詩云：「拳石耆婆色兩青，竹龍驅水轉山鳴。夜深不見跳珠碎，疑是簷間滴雨聲。」東坡之和曰：「道眼轉丹青，常於寂處鳴。早知雨是水，不作兩般聲。」又詩云，「還來一醉西湖雨，不見跳珠十五年。」案以上之詩看，此題是筧之水龜跳濺沫如珠。

竹龍昨夜戲山根　一顆明珠吐復吞
看即不無爭不得　聽他撲碎又渾崙

第一句，竹之筧云。「竹龍」在《南康記》云：「野縣有術士名陳憐云，夜嘗乘龍還家，至其家即輒化為青竹仗」云。後漢《方術傳》云：「後漢費長房的人入於市椽，市中有一老翁賣葯，肩頭懸一壺，時將罷市跳入壺中，長房在樓上覩之甚異，因之往見，再拂而就老翁俱入壺中，遂隨其入山成得道術，辭歸之時翁與之一竹杖云：『騎此任行所往之處，則能歸家，既到家即將此杖投入葛陂中可也。』如其言至家，將仗投落葛陂，一顧則龍也。」是等之典據，因之竹與龍有因緣以之為竹龍云。是用熟字者也。詠其筧如蜻蜓橫張吐水的形容以作「戲山根」云。第二句，「明珠」乃由龍字所出也。《莊子》有千金之珠必在驪龍頷下云。故如龍算珠由竹筧吐出清潔山水，復吞即水激蕩之勢，以上二句雖似宗師家甚弄工，凡詠體都如此親其物而自在作句，此之謂大手。而「吐復吞」之三字尤妙也。衲僧之作略與奪自在也。「吐」是與，「吞」是奪，話頭一句，如玲瓏玉吐而置之，遂成妄想之種子生小玭，以為一句吐已吞卻也，無留些之蹤跡，念之成，念念空之謂活潑之地云。第三句，水之激發踏出之珠，映入眼中決不是無，卻爭取珠是不能的。無是水中之明月何要把捉，此句在雪竇上堂法語云：「舉：僧問趙州：『二龍爭珠，誰是得者？』州云：『老僧只管看。』雪竇云：『看來即不無，爭不得。』」云云而轉化者。第四句，就「吐復吞」之形容仔細述之。聽他是當相之意云，聽到他的聲當相跳出水去，好像已碎卻又渾崙成為全體的渾圜之珠，以為渾圜之珠又推碎片片飛舞，以為有卻思而珠變成水而流，以為水力見之又成珠而飛跳，我問之一句亦如此，以為有即無，以為無即有，畢竟通身無影像。

聽雪

寒夜無風竹有聲　疏疏密密透松櫺
耳聞不似心聞好　歇卻燈前半卷經

第一句，晚唐杜荀鶴之詩云，「巖谷惟聞折竹聲」，故多以此句為降雪積竹之折聲，然亦不必強為折竹之聲，雪降於竹葉所觸之聲亦可以。題即是「聽雪」，用以折竹應是不該的，就雪參去可也。惟看做靜中有動亦無不可。第二句，黃山谷之詩云：「夜聽疏疏還密密，曉看整整復斜斜」以此意而借此文字：疏疏密密的松檽與松枝横叉之意中，透入降雪之聲，借用松竹共為聞降雪之聲的道具。竹亦有疏疏之聲，松葉之積雪亦有密密之聲，可以如斯解之。述其寒夜的靜中閑閑爾之真趣。二句可說是詠寫最興象的了。第三句，入疏密形體之真理即是「疏」，心理即是「密」，聽雪之妙境即在此。是耳聽耶？是心聞耶？若是用耳聽即小兒、大人、犬貓都會聽，用心聽即就有興味了。詩人是詩之妙境，禪者是禪的妙境，飲酒是酒之妙境，茶人是茶之妙境。雖有各自其門之異，至其妙境所樂皆一也；形體之耳人人各別，心理之妙境無形可是一也。各各為自己之形體而惑，作成心理之藩籬，不能悟得如如之本體，在此境中除取耳朵於聞，是何聲音耶？「疏疏密密」。第四句，夜分時候可能是點燈在讀經，其經聲字字句句盡成降雪之聲，以耳聞雪，以目看經，以自身一體中，已經耳與目各各異其方向，此經亦成為隔開心理為二之種了。所以收其經卷不讀，夜靜聽雪入於疏疏密密之妙境，是何境呢？天地白漫漫。

休征

此頌在古抄有為別號，或為地名，然不能以地名或別號解。虛堂禪師是宋末之俊傑，此頌大感有諷時事之處。

萬里煙塵一點無　太平時節合歡娛
當年馬上三千卒　不讀兵書讀魯書

第一句，已是休征萬里盡歸王化，四海皆皇皇如也。沒有一點狼煙腥塵，家家掩扃而寐，嗚呼是虛乎、實乎。禪師在南宋時，徽宗、欽宗北狩不歸以來，朝廷數次與金戰，忠奸相黨，金亡而蒙古入寇，天下無一日寧居，終至宋之神州陸沉，此題定有諷意也。第二句，太平時節天子萬歲大臣千秋，歌於朝，謳於野，實感歡樂之至也。第三句，宋之藝祖趙匡胤，曾仕後周，周之世宗與北漢戰於高平，世宗勢敗之時，宿衛之將趙匡胤曰：「主危如此，吾等何不得以致死而身以士卒為先而犯敵鋒，士卒死戰到以一當百。」於是北漢大敗，趙匡胤依此而威名大揚，後來與後唐戰而又捷之，遂為周統一，匡胤為殿前都點檢。世宗崩，恭帝幼，眾推匡胤繼禪位，匡胤就位詔建祠宇，塑孔子、顏回像安置之，屢屢臨幸祭之，謂待臣曰：「朕欲讀盡武臣之書，以知治道。」於是臣庶始貴文學。當年得馬上威名取天下者藝祖匡胤也。第四句，其藝祖則雖在馬上得威名，治天下還不用六韜三略之書不可，不讀《孔》、《孟》、《六經》之書是不成的。趙匡胤之深意雖在此，然後宋文學盛記，漢唐相繼，歐蘇王程之學大教興而互黨，相排擊。實為王荊公之猜忌誤宋室之啟端。此偈大有寓意也。

鑿空氏曰：凡國家之衰亡乃寵臣擅權，忌內之賢良，被其外國得便所致。所謂講和之計即此，炎宋之南渡以後累朝皆然也。而其由來久遠矣。蓋趙氏之鼎之輕重可問於照寧元祐之間，王安石及至成相，奸臣憎恨異議者弄朝權樹私黨，遠拒忠直之臣，遂逞己非，不顧國家百代為圖，依此鑄成。而神宗、哲宗之朝文學賢良之士輩出，有各黨議論百出，不能與於畫歸為一，遂至天下大器為之輕視，當時歐蘇程馬等之諸賢如不察之者謂何？抑由依其我見之剛強各各遑於自顧不及者乎。聖賢有克己復禮之語，諸公雖固知之處，但為一時之業感所制，遂不慮其失之處的樣子。惜哉！然荊公並非奸，唯是猜忌遂非者也。而來其君寵侍弄朝權，延及南宋，為黃潛善、汪伯彥之奸耶，擅柄猥為中興之業遮防，繼而秦檜之醜魁出，李綱、宗澤、張浚、岳飛、劉錡、楊沂之諸忠烈的奪戰，已破金虜迎聖欲克復中原之際，寵弄妒功，奏令帥班朝，受金虜之旨，將岳飛等下獄終殺之，嗚呼忠臣有功而以下獄賜死！自古曾未聞之處也。此余之編集的詩禪一味，鄂王廟弔古中有載其概略。其咸淳之際，賈似道寵擅，張世傑、文天祥等之誠忠，在外無他奈何，元虜阿述等急圍襄陽，度宗寒聞之，問似道。似道答曰：「北兵已退，陛下何聽此言？」度宗曰：「有大嬪言之。」似道恨諸其人，以他事而賜死，由是雖有邊事之急，都無人敢言者。虛堂禪師〈休征〉之偈，是否由此時之感概而作耶。似道此時作樓閣臺榭，以宮人葉氏及娼尼等美色之者為妾，日肆淫樂，廣收奇器異物，且若有人藏有珍玩、求之不與者輒得其罪，大集寶玩建多寶閣，一日一次登閣玩之，此即禪師之所謂，太平之時節的「合歡娛」，可謂諷此也。今日不是不讀當年藝祖之兵書而讀魯書之時。藝祖是五季壞亂之際，馬上三千卒以之勘定，受後周之禪讓，以治國之要是在聖人之書，以置學校而講經之。其撥亂反正與今日之衰亡，不啻其時如何，嗚呼，趙宋之天下滅亡者及因此王安石的猜忌此誤所致，由黃、汪、秦檜奸邪所賣，以賈似道佞倖亡之，抑南宋以後奸臣摩肩而出，蠱惑以至壞亂，嗚呼治國之者宜取鑑戒可也。

送人之成都

此偈《續傳燈錄》云，廬山東林的指南宜禪師之作。不知松坡有何意見。

智不到處道一句　一句當機便到家
宿鷺亭前風擺柳　錦官城裡雨催花

第一句，舊抄云此人名可有智字，是否然也。道吾智禪師與雪巖到南泉，泉問：「闍梨名什麼？」師云：「宗智。」泉云：「智不到處作麼生」、或「宗」云云。由是觀之，此偈定與「智」字有機緣的樣子，抑此智非由自己之業報所發之智，所謂如來之大圓鏡智云者，其四智圓滿以上之智光未到及之處，與於下了「道一句」當頭棒。第二句，若契當我之上機其一句，便是歸家穩坐之境界也。凡歸家穩坐者，即在第二意識馳逐前五識迴旋而未定落處之人，於一句之上忽然歸著本具之真性之謂也。其一句是甚麼句？第三句，提起現成底，「宿鷺亭」是在天童山，此時可見指南和尚居在天童，此乃離別春風柳生萌芽之節，故云「風擺柳」，殊柳與離別有關係，唐人亦有「離別河邊綰柳條」之句，綰河邊之柳而送之，又有祝還來之意。柳線安能繫馬蹄，《三輔黃圖》云：「霸橋在長安之東，跨水作橋，漢人送客到此橋，折柳贈別」有之。羅鄴之寄友詩云：「秋庭悵望別君初，折柳分襟十載餘」等對別離的關係古今很多。故述其春柳離別之親愛深情云。第四句，「錦官城」是在蜀之成都，《成都記》云：「後主於成都城，種芙蓉花開如錦，因之名為錦官城。」又杜詩有『花重錦官城』之句，杜集蜀本之注云：「成都府稱為錦官城者，江山明媚如錦」云。蓋是述其春花秋葉之美境也。《鶴林玉露》云：「洛陽人單以牡丹謂之花，成都亦有以海棠謂之花。」蓋為尊稱之辭也。此句是承前的離別時之現成底的柳來提出，亦即是漸漸入蜀之時其春楊柳於錦官城無春雨開花即——高懸大圓鏡——柳綠花紅，成為天地一枚之春色，來巧妙地寓寫的，是「智不到處」之一句乎！鑿空氏曰：「無限客愁今日散，馬頭初見米囊花。」

四明象潭泳和尚

師是松源下之尊宿也。松源岳，大歇謙，象潭永慧出世於嚴。

送人葬母

天無四壁地無門　何處堪埋阿母身
兩手展開征袖冷　浪翻慈水綠粼粼

第一句，空了依報之境界也。依報者天地山川皆依報也。正報者，人類動物皆為正報。天沒有四方之壁，地沒有四方之門。迷故三界城，悟故十方空也。此即是我處、是我家，還住有城壁之中，即是迷於四大之形體者，已是全身脱去之上天地是皆空的。第二句，今云母之葬儀，都是人間之大禮，非慇懃而行不可，但今日之境界是十方空的，不知何處可以葬母，母身之正報已經死而歸空，其上其依報之國土亦隨而空，汝之母已經向真空之上成佛了。本來真空何處可葬耶。不眷戀於假體之遺骸去埋葬真空之母看看之徵意也。自是象潭之一撈也。第三句，看看此僧之動作姿態如何？實是卻卻之作家也。天地不是埋母之地，那麼到頭要埋在那裡！由是被責之，他立即展開雙手拂袖而去，「冷」字有力也。對於象潭之一撈並無有絲毫驚懼冷靜去拂去也。第四句，「慈水」者此時象潭住於慈溪，又云慈水是在杭州，此即提起此僧正處於不生不滅的境界，述其在於真空上葬母之趣，「浪翻慈水」者即澄清的慈水忽然大風吹起，其水激動成為波浪，浪本是水，風止還歸澄水，風起浪復起，本來本性如澄水，忽為業風立浪，業盡還為本性，業又是業性又是性，如千變萬化之慈水奔騰大小浪，以之象徵慈水也。愛河之業盡成為慈水，愛河是假體父母之情也。慈水是真空父母之道也。「浪翻慈水綠粼粼」於是乎得葬母呢？無明為父，貪愛為母。無明空性即佛性，業性即無明。自性本空，何來將空葬在空。悟了亦未？未悟怎麼拂？

明覺塔

「明覺」即雪竇重顯禪師之賜號，師名重顯、字隱之、宋太宗太平興國五年四月八日生於遂州李氏，約依蓋州普安院仁銑上人出家，後出蜀而浮沉於荊渚之間，遂嗣法於大寂九世孫智門祚禪師，遊南方住持於蘇州洞庭之翠峰。舊識曾公為明州守，親手訓請疏擬請為雪竇山資聖寺為住持，蘇人固留不許。師曰：「出家人止如孤鶴翹松，去若片雲過嶺，有何彼此遂行，住此三十一年。」駙馬都尉和文李公奉表賜紫衣袍，侍賈公又奉加明覺大師之號，皇祐四年六月十日攝衣北首而逝，壽七十三，坐五十，全身塔於壽之西塢。

三皇五帝是何物　辛苦曾經二十年
一大藏中收不得　至今狼藉乳峰前

《碧巖集》第三則云：「馬大師不安。院主問：『和尚近日尊候如何？』大師云：『日面佛月面佛。』」雪竇頌曰：「日面佛月面佛，五帝三皇是何物，二十年來曾辛苦，為君幾下蒼龍窟。屈堪述！明眼衲僧莫輕忽。」此本則也。此則已出在楞伽老師之《碧巖提唱筆記》。此不付妄解。第一句，「三皇五帝是何物」，直即指提本則而禮雪竇之塔。此一句是向明覺大師低頭之處也。五帝三皇是：伏羲、神農、黃帝為三皇，少昊、顓頊、帝嚳、帝堯、帝舜為五帝。中國古來是革命的國家，以歷代帝王為祖先區區不定。故無論何姓成為帝王，都以此三皇五帝為帝王之祖而尊崇之。以其尊崇之國王間為何物？充分有膽識了。日面佛月面佛是，《華嚴演義》第十二卷之經文中有種種壽量。疏曰：「壽命限量成無量劫，或不滿百歲，下至朝現暮寂。」鈔云：「《佛名經》第六云：『妙聲佛壽六十百千歲，智自在佛壽十二千歲，威德自在佛壽七十六千歲，摩醯首羅佛壽一億歲，梵聲佛壽十億歲，大眾自在佛壽六十千歲，勝聲佛壽百億歲，月面佛壽一日夜，日面佛壽一千八百歲』」云云。古德一問一答之間，苟盡有典處。第二句，前句之「三皇五帝是何物」，即坐斷毘盧項額，至不曾見佛祖底（坐於法身佛之頭顱上，此以上在眼中不見有佛或祖師）大見識之修行是不容易的。二十年、三十年露坐雲臥參訪明眼之宗師，拼命辛苦才能至此，最早此當體現成上，雪竇與象潭都是兩賽一賽的。雪竇云：「屈堪述！」雖然二十年在辛辣的宗師下甘屈其痛拳熱喝去修行，但其屈之生活是堪述的。「三皇五帝是何物」地愉快而怒鳴出來，這乃雪竇之宗旨也。所以在明覺塔低頭者。第三句，是否諷國或什麼都不知的人是不能收入藏經中即在此，五帝三皇是何物，此七字勝過五千四十餘卷萬萬，怎能容入藏經中呢？像天地那麼大，不可能容納故云「收不得」。第四句，至今還是散在乳峰之前，誰人可以收得否，夫吾宗乃教外別傳之家也，何來以為是收得在一大藏經中也。不能入藏者固是我分而已。蠹殘錯簡乳峰前之狼藉，是否明覺之本意，曰：「寒燈坐高館，秋雨聞疏鐘。」

鑿空氏曰：舊抄幾引說曰，神宗在位時，《碧巖集》撰修終而奏請入大藏，其集中有「三皇五帝是何物」之句。朝議云：「此句諷國是以不許入藏」云。而云《碧巖集》是徽宗之朝所集，與神宗之時代不合，只是頌古而已。以門人遠塵之序案之，沒有入藏之事，此只是作者尊重雪竇與云「應可入藏」之句，變成「不許入藏」之詞云云。是牽強附會之說。舊抄所引或說固不足論，雪竇禪師是宋太宗太平興國五年四月八日出生，滅度於仁宗皇祐四年六月十日。圜悟禪師是生於仁宗之嘉祐八年，高宗之紹興五年滅度。雪竇歿後十一年圜悟才出生，或說之杜撰由此可知。而舊抄之所謂頌古是遠塵之案序，沒有入藏之奏請，是附會之至。其事已有，雪竇之法嗣有天衣懷禪師，天衣之法嗣有圓照禪師，是大眼目之宗師，元豐八年勅住惠林院，召對於延和殿賜坐。問道：「當時請以《雪竇錄》入藏。」中書省之諸大臣議曰：「其錄至於其玄旨妙理，即可得而不及測度，今有『三皇五帝是何物』之句，抑五帝三皇是帝者之祖先。至於言出是何物，而勅不得入藏。」以上是《雪竇錄》之事，非關係《碧巖》，或說及舊抄均為有馬祖不安之則而牽強附會。此偈是禮明覺塔之偈，可都是用雪竇之機緣來頌者，於圜悟有何關。又舊抄云《碧巖》是徽宗之朝與神宗之時年代不合，是聊不無誤謬。案眉州中巖普照禪師之序文，《碧巖》是高宗建炎二年戊申之年作成，時圜悟禪師年六十六，居於澧州湖北石門縣之東南夾山，禪師曾歷住鎮江府之金山，蜀之成都昭覺寺等，於三處評唱之者云。徽宗、欽宗是在靖康之役北狩不歸，於五國城登遐。「乳峰」是在雪竇山云，雪竇山是在寧波府奉化縣，晨霞暮靄萬狀難盡，乳峰亦其中之勝景。今就〈明覺塔〉之偈，可得在《宋史》、《傳燈》、《地理》、《長曆》等之考證下略知傳聞古抄之誤謬，我門天正以後之諸師，往往為不參歷史，為之多有附會之說。故曰：一自秋泉洗吾眼，終生不受古人欺。

永明塔

永明智覺禪師餘杭之人，姓王氏、諱延壽，由總、角之歲心歸佛乘，既冠不茹葷，日唯一食，誦《法華經》，群羊跪聽之，二十八歲禮翠嵓和尚出家，往天台山天柱峰習定九旬，有鳥類尺鷃作巢於衣褶中，既謁韶國師，一見深以器之，遂授玄旨，始住明州之雪竇山。宋之建隆元年，吳越王錢俶請住靈隱之新寺為第一世，復住永明大道場為第二世，所化之眾殆為二千人。僧問：「如何是永明宗旨？」有偈曰：「欲識永明旨，門前一湖水，日照光明生，風來波浪起。」開寶七年入天台山度戒萬餘人，常授七眾菩薩戒，夜作鬼神施食，朝放諸生類，六時散花行道，念誦《法華經》，一萬三千部云。著《宗鏡錄》一百卷，其餘詩偈賦詠凡有千萬言。開寶八年乙亥十二月二十六日辰時，焚香告眾跏趺而逝，壽七十二、臘四十二、塔建於大慈山，太宗賜額為「壽寧禪院」云，其法系是清涼法眼蓋禪師——天台德詔國師——永明延壽禪師也。青原下。

門前湖水鏡容開　對面和盤托出來
可是永明無剩語　酒濃元不在多杯

第一句，提永明之宗旨，如僧問所答之偈。永明之宗旨是門前一湖水也，宗鏡明鑑萬有萬法盡映顯也。第二句，承上句，其湖水如鏡開映萬法之形象，恰似開真鏡臺，當下映出妍醜，其動態如在盤上轉珠、決不留痕跡，美人來現美人、醜面映之現醜面，當相和盤托出。雲映之現雲、山映之現山、萬有萬法盡托出來，而元來是一湖水，澄澄湛湛有何雲有何山？雲山美醜元是眼中之翳也，心意之計量也，湖水之觸緣而轉轆轆轆地顯之，是述永明之活潑潑地活動。《宗鏡錄》一百卷詩賦千萬言，盡將永明鏡湖映出，元來無箇永明之物，請人人摩挲眼膜看看。第三句，直評得永明之宗旨，云永明著有《宗鏡錄》一百卷之外詩賦有千萬言，剩語在何處？若言有即人人之眼中翳也。若讀破永明之波瀾廣大文章，到一字不說的境界，始令永明點頭，不然即金屑雖貴入眼為翳。第四句，示單提獨朗之法，其《宗鏡錄》或大小詩賦皆是門前一湖水之映跡，永明之一句是門前一湖水就足夠了。美酒不必飲多，其味若濃一二杯都足夠，餘即是濫飲，酒是百藥之長，濫飲卻毒身。若讀永明之大小著書，濫讀而增長業智成為我見種子者，不如寧可不讀為勝。讀之，字字句句參得仔細，若能消除從來之業智，徹見本有真性，即門前一湖水，元來澄澄湛湛之這裡有何影像？可知此濃味，豈貪多杯，吁，「三級浪高魚化龍，癡人猶戽夜塘水。」

號頌也。

樵屋

枯者是兮榮者是　一刀兩斷沒商量
盡情收拾歸家去　半掩柴扉春晝長

第一句，舉本則，藥山惟儼禪師與道吾雲巖同遊山之次，見了兩株樹，一榮一枯，藥山乃問雲巖云：「榮者是或枯者是。」巖曰：「榮者是。」山曰：「與麼者何則灼然而光明燦爛一切處去！」又問道吾，吾曰：「枯者是。」山曰：「與麼者則何不灼然而枯淡一切處去！」時高沙彌者至，山又問。沙彌曰：「枯者有時亦會枯，榮者從他榮去。」山回顧雲巖、道吾曰：「不是不是。」拈起此則而言，果是樵屋，枯亦好，榮亦好，到時都是用作薪柴的，薪是沒有榮枯之別的。第二句，此樵夫不擇枯木或生木，一刀直破為二，商量即是商人之量度以不失中平，是買賣之際權衡得各其意云，「沒商量」是其度量之手心沒有什麼計較之意也。一刀兩斷而不渡思想分別，何有榮者枯者的選擇，固是破為薪就足夠。第三句，然破成片片以上要如何處理，盡快收拾，不論是枯是榮，一肩擔之不留餘跡而去，如此即始得為歸家穩坐之大安心境界，此我家即不擇生死之所，掩柴扉而獨坐對青山，乃春晝長也。古人之悟後修行是「水邊林下費卻鹽醬二十年」云，此邊即衲僧之本地風光也。解道：「山中無曆日，寒盡不知年。」

雲巖

是頌號云。

只麼看來浮逼逼　及乎摟著峭峻峻
夾山那裡打得透　幽鳥傍崖搖翠藤

第一句，頌「雲」字。「只麼」即是沒有什麼用意去看，「麼」字，末字，是助字也。「浮逼逼」是浮雲冉冉之靉靆之意云，雲巖若沒有其事的時候，看來好像浮雲靉靆的樣子。第二句，然及此雲巖之摟著，繫其內容來看，他不是像狂人的，「峭峻峻」

即是山之巖石屹立的形容，元來巖嶽秀靈之氣，騰而成雲，看來冉冉之雲。親切地入一撈來點檢時，都不付峭峻峻與卻卻依了，嶮崚的腕前也。以上第一句是頌「雲」，第二句是頌「巖」，漸至第三句是即頌出「雲巖」二字，突兀而引領出夾山之處來看。此僧是否出世在夾山地方的人，或是出在附近的人，似乎有什麼機緣的樣子，可是《續傳燈錄》不載，所以不能證實，或只是頌出此山之嶮峻呢？是一疑問也。嘗有僧問：「如何是夾山之境？」山曰：「猿抱子歸青嶂後，鳥啣花落碧巖前」云，則此雲巖之境亦如此。第四句，「幽鳥傍崖搖翠藤」，以一句七字來頌夾山之十四字。第三句之反照可見，不知夾山已由那裡來打得透此境界。「打得透」是：即今是否悟入雲巖之境？假夾山為客，來露出主的雲巖之境，可謂一體之法云。

人之江西

句中有眼卒難明　路入春山草木薰
堪笑馬師心即佛　對人搖動簸箕唇

第一句，此僧要去江西，依之那一句以示送行，此「句中有眼」在誰人明白呢？卻了倉卒是難明的。第二句，要往那方的時節，恰好是春天，江西地方殊為春色駘蕩，路頭盛春花聞其香薰滿了。此那一句何處是眼耶。第三句，江西昔為馬祖大師旺化之處，當時有僧問馬祖：「和尚為甚麼說即心即佛。」祖曰：「為止小兒啼。」曰：「止時如何？」「非心非佛。」云。拈起此公案來，令見堪笑與象潭的手腕。第四句，馬祖之即心即佛、非心非佛，即對人之暗雲來搖動口唇逞饒舌為其贅澤也。言即心即佛，已是遲八刻，小兒之啼不必止，任其啼就如何！任地啼時如何！「路入春山草木薰」，任置之嚴冬之冰雪融盡，自然春光波及草木，其芬芳可以薰撲行路人，此一句即心即佛乎、非心非佛乎。呵呵大笑。「簸箕」在前面慧西巖之偈已有付解，馬大師是作箕之子，故云「簸箕唇」，動馬祖之唇與人說示之意也。

眉山石溪月和尚

「眉山」在蜀，「石溪」是西蜀眉州人也。住杭州徑山，松源下也。嗣於金山掩室善開，日本鎌倉淨智之大休念與無象照均是石溪之法嗣。

損翁

是號！

明知為學日有益　不知為道又如何
但覺家貧身漸老　聰明何似舊時多

第一句、第二句，「為學日益，為道日損」，以此語用及〈損翁〉之號，蓋文學是益多，有益即有為也。有為即妄想種子多，然有益者易知。為道者損多，損是無為，無為即正念相續，「損」字主眼也。抑學之益會增長我見，故學者多為人之所不容。道之損即安於無我，無我故不與人衝突，冰懷玲瓏而無一點邪念，已是無為亦不與為道，故云「又如何」？是提出疑辭來露其道云無為於不言之中。第三句，貧者居於貧之境界，其中自然可赴順境，畢竟不至順境，安於元貧者，不必回旋於種種之有為的智慧分別，其貧當相還會送其天真風流之生涯。其身體亦隨歲月漸漸衰老，無論如何的學者、智者亦無法遮止老邁。第四句即述其損境，若果時而使用其智慧，隨而積聚很多的情累，為智慧與情累而束縛其我身，不日就陷於困難而不覺以為樂事，但能今日身老而萬事休歇，以從前之業智來損其種種情累，而日損、時損、損盡其根本，至於清虛無為，始放損翁大休歇之慧光，鑑照其舊時業智聰明的種種情累，今日學者之意境，損盡固我之窩窟之境界，那時就無似舊時一樣了。鑿空氏曰：「萬境心都泯，深冬日亦長。」

道士歸川

此道士可謂蜀之人，「川」即是蜀，今謂四川云，本錄有贈丁高士云。

霞服雲冠遊上苑　芒鞋竹杖過幽扉
故山青草纍纍塚　羞見先生化鶴歸

第一句頌道士之風豐，不是綺羅錦繡，是以霧露雲霞為衣服冠冕而遊至上苑。「上苑」即是帝都，漢有上林苑故云上苑，南宗之末以杭州為行在之都，此偈頌是石溪禪師住於杭州靈隱寺時之作也。第二句，「芒鞋」即草鞋，穿草鞋拄竹杖訪吾之「幽扉」，依此仔細聞及玄道之旨，大為感心其五通仙術。第三句，得斯仙家之妙術，然後擬歸故山之蜀，但仙境之甲子一日即人間百年故，先生之故鄉的親戚老早就死光，而都成為北邙青草中「纍纍塚」呢？第四句，其在九原之精靈，見到先生得修行仙道妙術，化成鶴容易地飛行渡過蜀之棧道或行路難的劍閣，都自覺羞愧了。或感羨慰呢？化鶴之事，《搜神記》云，遼東城外有華表柱，忽然白鶴來集其上，有一少年彎弓欲射之，鶴乃飛去在空中云：「有鳥有鳥丁令威，去家千載今來歸，城郭如故人民非，何不學仙塚纍纍」，遂冲上天去，用此典實來結其三、四。

婺州石林鞏和尚

滅翁嗣法於禮，松源下也。

水庵生緣

「水庵」是淨慈之師一禪師之號也。丹霞之佛智嗣法於蓬庵端裕禪師，端裕即圓悟禪師之法嗣，「生緣」即是所生之地也。

虛空突出個拳頭　壞得家無片瓦留
野老不知愁滿地　深畊白水痛鞭牛

第一句，昔趙州訪二庵主，先到一庵主之處，問曰：「有麼有麼？」庵主竪起拳頭。師曰：「水淺不是泊舟處。」便行。又到一庵主之處，云：「有麼有麼？」庵主亦竪起拳頭。師曰：「能縱能奪能殺能活。」說了便作禮。又虛堂禪師松源之讚云：「水庵水禪爭鋒，一掌打得耳聾」，水庵是惡辣之宗師，可見道即飛振鐵拳。又有人引

《普燈錄》云：水庵尋常遇學人豎拳示之。一日有老婆來參，水庵痛與拳打殺，遂為官家所質之。水庵曰：「我為法與拳，於彼有甚讎，若用荼毘必有驗。」官如其言果全身成舍利，水庵於是免其罪。今案此《普燈錄》之文未曾見，蓋是否依當時口碑之傳而說，當然是言其水庵之惡辣嶮峻的風采云。故云「虛空突出」——遇了學者驀道突出拳頭，作麼生是個拳頭。鑿空曰：雪團打，雪團打！第二句，以下就水庵之字而頌出者，只今水庵在何處，個拳頭家或族緣都皆打壞得無留片瓦，於是水庵現成，此句即拂棄全體而顯體之法也。壞得假體之生緣，現成真體之宗旨，此七字可謂有力！「無片瓦」者道吾禪師謂夾山云：「可往浙中華亭縣參船子和尚去，彼師上無片瓦遮頭，下無卓錐之地」云云。是否由此典據所出？第三句，如斯的名匠宗師之生緣地，應該都留有墓誌或碑文，限於水庵無形跡，依偈此地而可起此愁嘆者，可是現在麥秀離離也。連野老之田夫都不知，若與石林水庵同鄉者，恐會感嘆而愁其無形跡，但水庵即決不留跡。寧不如田夫野老之不知為勝！第四句，今其野人雖共不知，而在田地用牛耕水田，加痛鞭於牛而叱咤地驅耕，其辛辣的樣子都恰似水庵鐵拳突出之風采也。水庵嘗以黃檗之毒打話，而頌曰：「運師裴相老婆心，不顧泥深與水深，痛棒毒槌行異類，從教皮下血淋淋。」乃以此偈之意味來拈弄水庵之宗旨，以作頌之結句的樣子！抑此偈第一句是提起水庵之本則，以下三句是以拈弄水庵之家風，第四句以「痛鞭」之二字為全篇之骨子，以第一句之「拳頭」照應，石林大手淋漓！而為容易看！

密室

號頌也。

只箇方方一丈中　漫天網子百千重
放一線開通汝氣　黃梅夜半送盧公

第一句，「方方一丈」出自維摩居士之丈室的典故。唐之王玄策奉使西域之時，至毘耶離城，猶見維摩石室云！以所持之手板縱橫量之各得十笏，蓋手板長即一尺，丈室即此十尺四方之室，由取此典據。後來長老之室謂方丈，「方方」即是縱橫，此句即頌「室」字。第二句，密室即不許人漫入之意，故引廻百重千重之網，看來似乎卻卻氣塞不通。第三句，閉籠在引廻重重金網之丈室以上，絕通任何人的消息即人之氣會塞掉！大法亦是如斯，法脈是不可塞掉的，當即通一線路放開其氣脈。第四句，五祖大師在黃梅時，雖有七百人的高僧隨從修行，但五祖之室，卻了如引廻著重重金網，不許隨便進去求法，雖然話是如斯，都需要通一線，給某些人附屬此法，否即違背如來正法流通之聖旨。然後有位舂米的盧行者，夜半三更時入室得到密付大法，授與佛祖相承之正法眼藏與衣鉢，盡人不知之中燃竹松明，送出盧行者，此人則曹溪之惠能大鑑禪師，宗門第六祖也。由是大法如瓜分為五派，四百餘州盡濕法雨，至宋末航至日本，廿四流激揚東海也。密室之氣充海之處，開一方令強發方便力者乎。解道：豁開胸襟法藏，運出自己家珍。

贈龜卜人

「龜卜」是灼龜以卜吉凶云。古時云大事用龜，小事用筮云。筮是昔時以蓍草為筮云，《易・說卦傳》有「幽贊神明而生蓍」之說。蓍者篙之類也。《史記》：蓍千歲一本百莖，下有神龜守之云。今蓍不生久矣，故用竹篠製之。

鴻濛未剖是何物　一畫纔分六用彰
河水不痕天象正　夜深時得見義皇

第一句，「鴻濛」即天地未判的混沌時云，廣大自然之氣也。其元氣鴻濛天地未分以前，是有何物之吉凶可卜，向與下了一撈者也。第二句，由伏羲氏畫一畫而次第成了六爻，終成六十四卦。六爻即六用，一畫纔分之處，由是彰六爻六用，隨出吉凶禍福，愈出愈混雜。第三句，河裡龜負圖出，又於伏羲之時河出龍馬，其文則云畫八卦者，又禹之時神龜負文出於洛水，依其背所列之數以為筮云。今河水沒有龍馬神龜之痕跡，只見清澄，恰與元氣鴻濛之時無異，於是正映著本來之天象，此則是古人所云，畫前有易。何容吉凶禍福之疑處。第四句，此深夜值河水清澄天象正時，請與本具之伏羲氏相見，悟得元氣天真之易理可也。什麼弄竹篠或灼龜甲等等判斷的胡亂臭事，要與乾坤之原理天地之大數叫和是無覺來的含蓄意思。

雪中懷古

蓋為懷念二祖傳法之往事云。

平沉山嶽凝無聲　少室誰知滅一燈
不信但看五六月　黃河曲曲是寒冰

第一句，降雪積海山嶽不論谷川高下平均埋沉的意思。其雪疏疏密密靜靜地降落沒有聲音！溪川之水被雪埋得凝結成冰無聲無息，述其一望平等，心境一如之趣。第二句，至此境之時就懷念著及往古之事，昔時嵩山之少室峰下的少林寺，二祖慧可大師參禪於初祖達磨大師之時，二祖立在庭中被雪擁腰云，當時二祖在修行上以形骸為虛幻，空氣不徹力，恰如枯木空巖，其上為表求法之安心，自己切斷一臂，呈給初祖以誓求法。曰：「我心未寧，乞師安之。」初祖曰：「將心拉來，我為汝安。」二祖良久云：「覓心了不可得。」初祖曰：「為汝安心竟。」此一著即便「滅一燈」之處也。下此「滅」字得其妙也。法身本來沒有什麼明滅斷續，臨濟曰：「正法眼藏，瞎驢邊而滅卻！」對此「滅」字仔細參之。古人云此字有褒貶，不知何處是褒貶？第三句，若以上之雪中趣不能信取者，彼此不分只如無有其事地，向五、六月的夏天暑中看，是熱亦是空？本來二祖雪中斷臂之當體是如何？即今猶有感受空熱之餘地否？鑿空氏曰：「心不可得」。第四句，黃河雖流成九曲，其曲曲皆是空冰了，接觸手看看，是熱是冷？即今心不可得。鑿空氏曰：「冰河焰起。」

贈裁縫

本錄為贈裁衣待詔歸閩，待詔是官名，可見此人是縫殿之職，是御衣掛之官員，非如今日之縫衣師。

三千剎海佛袈裟　不犯針鋒見作家
更與曾郎裁一領　荔枝山搭碧江斜

第一句，《俱舍》曰：須彌，四大洲，日月，六欲天，梵世等各一千，此名小千世界，此小千世界千倍為中千世界，此中千世界千倍為大千世界，為之三千世界。

「剎海」與世界意義相同，此三千世界依裁衣三昧來看，總是「佛袈裟」也，「袈裟具云迦羅沙曳」也，略云袈裟，華云不正色衣，壞色衣云。第二句，第一句已提起三千界袈裟一枚，就依此而言，其製袈裟必須用針來縫，但不犯針縫即沒有假借針線來縫製。蓋一般袈裟是經過裁縫人之手，用針線密密縫出無違，此有功用也。今石林拈起天地一枚袈裟，如斯之大袈裟是經何人之手所縫製？固非針線之技是無功用也。拈起有功用之境界而直至無功用之境界也。維摩之手接大千，室包乾象的神通妙用也。可謂作家也。此偈是能境雙照之法。第一句舉三千界佛袈裟之境以為本則，第二句是以針縫作家與示忽能之境為接著語，不執著犯與不犯，縫之至妙是無縫也。吾門「不犯針鋒」至無縫，始為作家。第三句，「曾郎」者雪峰真覺禪師姓曾氏云，時而石林住於雪峰，依之自比雪峰真覺云者，此說未穩在也。何故？雪峰是在閩，石林要贈歸閩的人。怎麼自己在閩的理由？蓋是指其人當時住在雪峰，以云「曾郎」。云汝今若歸閩去，雪峰的住僧更會裁制一領袈裟贈與給汝了。第四句，閩亦是三千剎界之一部分，是時可見如荔枝山被碧江所斜繞，都會添了佛袈裟的光彩了。即應第一句，頌出雪峰大師之全體，是露裁縫作家之腕力，雪峰嘗頌有「三千剎海佛袈裟」之句云。

宏智塔

師諱正覺，南宗明州李氏之子，住於明州天童寺，初參丹霞淳禪師有省處。後隨真歇了禪師，長蘆，遂住天童。紹興二十七年九月朔日，告別郡帥檀城，還山七日粥飯如常，辰時入浴改衣端坐，為書囑後事迄，寫偈曰：「夢幻空花，六十七年，白鳥煙沒，秋水連天。」擲筆溘焉示寂，詔諡云宏智禪師，塔曰妙光，其龕留七日顏貌如生，爪髮漸長，全身歛於天童之東谷云。

水天白鳥沒蒼煙　端的髑髏消未乾
三遶龕秋曰暮　排簷緣玉自敲寒

第一句，以宏智遷寂之遺偈來舉本則，甚麼四大分離耶？元來是沒有生死的，此身之死是恰似白鳥沒入蒼蒼之煙水一樣的，白鳥雖有出沒，但秋天是與長天共一色而蒼蒼到何時都不變，秋水連天是不變真如之當體，白鳥出沒是真如隨緣之當體，佛性是不變，肉身即隨緣也，不變中隨緣顯度世，隨緣沒即歸不一之一天水，元是同一致，說何之生死，畢竟宏智之遊戲三昧活劇也。故曰，清淨法身元無出沒。

第二句，「端的」，今即消滅宏智之髑髏化為土了。是否尚留其肉身之汁氣「未乾」？宏智決無留著那樣之物，消盡而後，先師之肉猶初暖也。此一句是著眼之處也。隨緣不變云未可！不變隨緣云未可！隨緣不變共消盡云未可！如何是未乾之處？曰：秋水連天。第三句，現成底之事也視石林宏智之塔右遶三匝（右遶三匝是禮佛祖之最敬禮也）。「蘿龕」即是山中芔芔的龕塔，形容有藤蘿繞纏之意，述其時已暮秋，殊感寂寥之境，是端的消髑髏之處的現境。第四句，「排簷」即龕塔之簷，「綠玉」是竹也。修竹猗猗而生立於塔所之傍邊，時時風吹而枝葉排簷響出戛戛之聲，此一塵不到之處寒聲擊玉之光境，有如猶是參訪宏智的宗之感。於是乎謂：「先師肉猶暖」。

鑿空氏曰，似偈可謂得到禮塔之正體，第一句以宏智為機緣來揚本則。第二句以隨緣不變之意來付著語，第三、四句依現成底之境，以照用同時法來終結。和盤托出夜明珠，汝看石林是何等之慧力乎。請吾諸道俗，欲知禪林之文章體裁者，就是等之文字仔細參看之，語不滯煙霞就是此處云。二十八字盡詠煙霞，不落些煙霞，謂之慧力。

天台古田垕和尚

師諱德垕，號古田，嗣法斷橋倫和尚，住淨應（垕古文厚字也）無準下之尊宿也。

烹金爐

蘇州洞庭湖薦福明因寺方丈之額也，嘉祐中天衣懷禪師住此寺。

紅爐百煉見遺蹤　嘉祐年間錯用工
四碧眼胡猶是鑛　不知活火為誰紅

第一句，就本題頌之，「烹金爐」即天衣為鍛煉學者所設的大爐鞴，由天下四方來的衲僧之鑛，與以烹煉淘冶之處的意義。故唱出「紅爐百煉」，「紅爐」即看來似火焰之形容，當時天衣開爐鞴鍛煉四方的衲子之遺蹤今猶見之。第二句，此何時的事呢？即嘉祐年間仁宗皇帝之時也。尚見得天衣之赤下手。無技能的錯用工夫之蹤跡地用抑下法。凡無準下之句法多用此體，近來月船下之尊宿用此體，此謂之湖南之遺曲云，此法傳至日本鎌倉諸山。第三句，「四碧眼胡」即天衣之四傑云，法王若冲、圓照宗本、圓通法秀、長蘆應夫，此乃天衣之四傑也。「碧眼胡」即指達磨，云四達磨之意也。當錯用工去鍛冶打出四碧眼胡，此碧眼胡何處是鍛煉之處呢？猶是儘皆鑛，此處又用抑下法！用此點點抑下法之處，變成點點托上法，此處是禪林文字之妙也。以「見遺蹤」之三字來貫通脈絡，言錯用工，言猶是鑛，皆是天衣之遺蹤也。第四句，天衣開了烹金爐之大爐鞴，擬以淘冶學者，但具天衣之智火不知是為誰鍛煉而用的呢？豈只用於此四傑者而已？四傑猶是鑛，那麼大冶精金不知是誰人？開了無用之烹金爐者也，云猶是抑下！

鑿空氏曰，古田二十八字抑下中，顯出仁宗時之名匠歸依，顯出四碧眼胡，盡取出天衣爐鞴中之鑛物，下了毒舌惡評來顯於天下後世，可謂作家之活手段云。

玉田 號。

晚唐李義山之詩有：「滄海月明珠有淚，藍田日暖玉生煙。」又韻府吳之諸葛瑾之子，諸葛恪，少而有才名，孫權見其父瑾曰：「藍田生玉真不虛」云。

暖日和風匝地生　不留寸土與人耕
買來賣去元無價　一夜連城十倍爭

第一句頌田地生玉，「暖日和風」出自《淮南子》有：二月春光有青鸞之和風紫鳳之輕雲的典據，青鸞是春風之譬，紫鳳是春雲，春是草木萌芽之氣節，動植物的茂生之時也。故云「暖日和風」，春風溫和之氣節，藍田之玉匝生其田地，玉之發生云。第二句，此能生玉之藍田是寸土寸金的寶貴之地，不容易給他人耕作的，貴重之玉的產地非自己去耕不可。第三句，此玉師家者依耕作之功而能產生之處的弟子要來買，又師審見其弟子有得玉之力者即賣出，但其價不止於萬億金就可以買到，畢竟億又億，兆又兆，以算數難於定價，終成無價之價云，其無價貴重之玉的師弟受授關係是不容易的。昔趙之惠王得和氏之璧，秦之昭王聞之，遣使與書趙王曰：「願於十五城易璧。」趙王召藺相如奉之往秦。秦王大喜，相如知秦王取璧不償城，乃前向秦王告曰：「此璧有瑕，請渡以便指示。」秦王與玉給相如，相如持玉倚柱而立，怒髮衝冠曰：「王必欲殺臣，臣持璧及頭俱撞柱而碎。」秦王恐其璧被破，乃謝相如，相如持璧由間道還趙云云。如以上之名玉即可謂無價云。第四句，諸如趙王之輩都無法得到的玉，一夜之間，什麼以秦之十五城的擬買拉，奪取拉，真是起了國際戰爭的貴重之玉，以頌「玉田」之評價。

按：大法譬喻玉，產玉之田即有根機之心地，得到大法即是無價之玉，非淺薄的人能得到的。

寄竺卿章藏司

《事苑》卷四云，「竺卿」二字釋氏之通稱也。竺國卿輔之義，亦猶如此方之三公九卿，又一說「章藏司」之別號，不可取。

過眼紛紛總是花　青山白髮尚堪誇
十年來往家林路　駿馬不騎騎病騧

第一句歎世上之榮華富貴，肥馬輕裘，在鄰里來往還要乘坐馬車、汽車：耽著贅澤華奢，看其金玉閃閃眼華紛紛也。似乎是有卻忽而還無的。不知依什麼宿世善因，雖享一時之榮華，但其果報盡還是歸於本來之窮子，元來此身是四大假合之體，不知何時四大分離還是歸空，況乎身外的榮華？轉眼即是空也。真是塞翁之馬，邯鄲盧生之夢，古人已如是歎言之也。第二句不如身終為止，與青山白雲為友遠世情，悄然來修道者，乃大丈夫兒之所為也。何須媚於世間，阿於人情，紛紛堪誇馳逐輕薄之空華也。第三句，經十年、二十年都在我故鄉之林下往來，決不出都會，蓋林下之故鄉是我本分之地，遠離塵弄妄想之夢幻空華往來於本分之故鄉的意思。第四句，決不逐想來順境之駿馬紛紛的空華不跳入塵累熱鬧之中，寧願乘於遲遲的病騧著眼於足下安心地迴旋。元來此身是業繫苦報之病騧也。乘此病騧錬熟功夫，始朕病苦四大輕安。卻卻不能一足而躍飛的，雖然慧眼是一超直入如來地，但定力堅固，到是念念相續念念脱落，不可以容易看之。古人曰：「水邊林下費卻鹽醬二十年。」臨濟曰：「任運著衣裳，隨緣消舊業」，即此也。鑿空氏案：此偈是頌自己之境界來寄給章藏司者的樣子，有寄字，別後互相在遠隔之地可知也。章藏司者或是時聞他出世的風評而寄與，又或是痛宋末之時世述其自心安退塵界者，無論怎樣可見得因事而寄！

四明清溪徹和尚

聞偃溪之法嗣，住國清寺云。

覽上方語

銛朴庵初住鹿苑，後任上方，上方是在湘南，《宗派圖》：上方朴庵義銛，嗣法於拙菴光。

古劍鋩寒蛟血暈　明珠暗度蟻絲長
當時鹿苑初開席　未必靈蹤在上方

第一句，上方銛朴翁之語氣機鋒穎利如斬蛟劍，「鋩寒」即是劍之鋒鋩其光如冰霜淒然云。「蛟血暈」者是劍之靈氣為暈，暈即在日月傍邊之氣，即劍之血痕斑斑氣如暈云。皆述朴庵銛公之機鋒伶俐不可犯的意思。第二句，如斯的俊發之氣象中又有綿綿密密之處，此非尋常之所及，恰似蟻之後足繫絲暗渡九曲明珠之穴中迴旋一樣地穿珠透穴的文義也。如斯之綿密修行云也。第三句，其銛公以前在鹿苑住持初開法席。第四句，今雖住上方，但銛公之靈蹤非止於上方。處處之叢林都有其靈蹤云，今雖拜見上方之法語，但其餘之法語還未曾拜見，定有名句警語在也的意義。

註：荊次飛，得寶劍，有兩蛟夾其船幾沒，次飛拔劍斬蛟得濟云云。又《事苑》卷五，池陽問，世傳孔子厄陳蔡間，使穿九曲珠，遇桑間女子，授以訣云「密爾思之」，孔子遂曉乃以絲繫蟻，引之以蜜而穿之云云。蓋桑間女子之訣是陰語也，蜜是甘味也。爾即訓，思即絲，思絲音相通。

重起浴院

浴室之再建也。一本作化竹菴浴院。

垢淨塵消體自明　㵾盤掇轉得黃金
浮幢剎海流香遠　雨過一池春水深

第一句，再建浴室而入浴時消除塵累而無垢清淨，法身法體自明也。此句以入浴為本則而雜入餘事，單提獨朗而述者。第二句，以上是擬再建有功用之入浴室，取除柱下石時發見埋有黃金，但此是否一時之事實，有人說是事實，若果是長者布金之道場，難斷無此。距今幾十年前，日本水戶太田町有正宗寺的伽藍之跡，發掘了古錢凡有四百萬枚之事，彼寺昔時佐竹氏所建立云，由是等類推，亦可以釋為事實呢！余解釋此雖是一時之事實，今此即其事實是元來有此浴室，可是荒廢不見蹤影，當處將磉石掇轉來再建一所浴室，令八方來此的衲僧盡洗為全體之塵垢，此句顯明也。其爽快恰似得到黃金一樣。第三句，但其洗除塵垢之清淨水是從哪裡來的呢？這時由甚遠之華藏世界的香水海流到此浴院的。第四句，一轉折頃春雨降來的結果，溪澗之水溢出來漲滿浴院之地，落花香水自在而沸湧也。道即是華藏世界之香水海中的大蓮花所滴落的水之意也。

註：「浮幢剎」者，《楞嚴》第五，〈月光童子章〉云：「見水身中與世界外，浮幢剎諸香水海等無差別。」其疏曰：「浮幢，王剎，諸香水海。」《華嚴經》：華藏海中有大蓮花，其蓮花中有諸香水海，為諸佛剎世界之種云云。

古溪

號頌也。

塵劫來來事可明　地平行水水還平
九州疏決無餘力　留得灘聲礙鏡清

第一句，「塵劫」即塵點劫，過去威音王以前之義云。中國即盤古以前也。不知自何時至東來無限際，現時即今底是無可否認的。第二句，地面平即水亦平行，是往昔至今後都是不異之理則，地若險仄即水亦激而出漚泧聲，以上二句即頌古溪而無聲，何故?「塵劫來來」即頌古來，溪本來是水即只頌其水性。溪即谿，無水即谷，故溪本來是指水。第三句，且水是非常困擾的，昔時洪水滔滔漲天，人民寧居而違，其時夏之禹王疏決洪水而治水，將九州之水疏流落東，為疏水而割切地面，以致生出谿澗，遂而落了之水發出漚泧之聲，可是山壑平仄的不定處，雖是禹王都無計疏割得平行，可謂盡人事而無餘力。第四句，始出聲來頌「溪」字，下一字「礙」字甚有力也，平凡的腕力無法下逐的字眼呢！即云禹雖疏割九州治水，都留了敗闕的痕跡，但可見當時禹之力量可謂不乏，什麼是敗闕之跡呢？留得灘聲至於今日也。此灘聲乃癪之種也。嘗，玄沙因鏡清問：「學人乍入叢林，乞師指箇入路。」沙曰：「還聞偃溪水聲麼？」清曰：「聞。」沙曰：「從這裡入。」清於言下大悟，由此因緣取來治此癪。禹九年之間三次過其家門並無進入其家而辛苦艱難疏割九州，其餘累即只留偃溪之聲。令鏡清聞得穿耳，一種此聲無限意，鏡清聞如何？「礙」字妙用也。鏡清忽中肯綮。鑿空氏代偃溪曰：「鏡清聞耶。」曰：「聞！」曰聞即非吾兒，速征速退，於是乎，成為〈故溪〉之頌。

註：五百塵點劫者，將三千大千世界之草木盡燒為灰，作墨，經過五百千萬那由他阿僧祇之國，各打透一點，其墨一點一點地打盡之意耶。即是年限之久遠云，故云過去之往昔至未來之際，亦無格別之違了。

錦州中溪應和尚

嗣法不詳，集中十七人——嗣法未詳之人也，是其中一人也。

人參太白

《佛祖統記》第五十四云，太白山是晉之惠帝時，沙門義興者於此山中構廬居之，時「太白」下來化為童子給侍，因之號曰天童太白山，太白山是在浙東路慶元府鄞縣之東六十里處。

掛拂遭呵匪熱瞞　精金百鍊火中看
天生兩耳曾無竅　閑聽松濤吼夜闌

第一句，舉起參百丈馬祖之機緣，《五燈會元》百丈之章云，師再參馬祖侍立之次，祖舉床角之拂子視之。師曰：「此用即耶？此用離耶？」祖掛起拂子，師良久：「祖云：『汝向後開兩片皮將何為人？』」師取拂子豎起，祖曰：「此用即耶？此用離耶？」要用不要用請猜之的意思，師掛拂子於舊處，祖振威一唱，師得三日耳聾云。豎起拂子，即用離用來兮，即亦不是用亦不是，當時猜疑即不完整也，釋迦拈花相似。因為此僧再參故舉此機緣，此僧元住天童，再參天童是否有如馬祖百丈拂子的即離之問答？一喝三日耳聾的爽快之再參商量呢？馬祖給與百丈一喝並非熱瞞，是一種印證。第二句，元來百丈乃是精煉之金，再入馬祖之爐鞴熱喝一番，投入火中光彩猶鮮也。頌其百煉精金投入火中去看其金色之味道也。第三句，此僧元來是個聾者的樣子。可是百丈曾被馬祖之喝下三日耳聾云，此人天生聾者，拂子即離之問答亦不入，一喝亦不入，兩耳無竅，元來耳穴塞住，何以能容其一喝呢？天童亦無可施其腳手。第四句，天童門外二十里之松徑，是關凝禪師所栽，其二十里之萬松樹，到了夜間更深閑靜之時，風吹起發出疏疏之聲，此僧閑坐在此聽著，抑天童之一喝是否此天籟之松聲？

鑿空氏誦曰：二十里松行盡處，青山擎出梵王宮。

虎巖住東林

徑山虎巖淨伏禪師嗣法於虛舟普度禪師，無得嗣法於松源崇岳禪師。《佛祖歷代通載》云，宋神宗元豐三年詔以革江州東林律居為禪席，觀文殿學士王公韶出守南昌，寶覺禪師欲延心公，以舉心公常總禪師代自，總公知此霄夜遁去千餘里，諸郡檄之期於必得之，在新塗殊山窮谷中得之，遂應命。律徒相謂曰：遠公曾記曰：吾滅後七百年有肉身大士革吾道場，今其語符合云，以上東林禪場之改革因緣也。

一塵不立話方行　此日開堂作麼生
七尺烏藤靠壁上　又成沽酒醉淵明

凡衲僧之家風是，實際理事不立一塵，佛事門中不捨一法，抑於法身理體上不受一微塵，應身悲願之上出現於閻浮提五欲眾生界，隨緣赴感普為濟度蠢動含靈。即第一句，《碧巖》第六十一則，風穴之垂語，若立一塵家國興盛，不立一塵家國喪亡，由此公案出，一塵不立，即常總禪師不受君命逃藏於窮谷中了。衲僧的家風如斷巖絕壁不能依附之處云，君命何物？國家何物？佛何物？法何物？祖師何物？

虎巖之腕力充分行此一看。第二句，但今日住職於東林開堂怎樣，雪竇之風穴垂語云：「立一塵家國興盛，不立一塵家國喪亡，而當處拈拄仗云！」還有同生同死底衲僧麼？示如猛將揮鋒立於陣頭，擔國家興亡於一身之勢，多少虎巖亦不無雪竇之模範的氣魄形勢，然如何？開堂者《祖庭事苑》第八云：「開堂乃譯經院之儀式」也。其式每歲聖上誕辰必譯新經奏進，以奉祝上一人之壽。前兩月集二府、譯經使、潤文官等以奏新經，此為之開堂。今宗門長老命住持名山演法之初，亦以謂開堂者，演佛祖正法眼藏，上祝天算，下為四海生靈之福，謂之開堂。故法語謂：為國開堂演法。此偈，上句「一塵不立」說何國家！然今為國「開堂」演法，這時甚麼意思？以上皆問詞也。第三句，答之不出雪竇之模範，即今底七尺之烏藤（拄仗）靠於法堂之壁邊椅子，寸毫無差地遵循古來之儀式而演法，此雖是虎巖之大用現前。第四句，提出東林之機緣，昔時遠法師在廬山東林持律精嚴，過日中只受蜜湯，而以作詩代酒給陶淵明飲之，虎溪橋是謝靈運所架設，靈運修心不純，遠法師送客不論貴賤均不過虎溪橋，然與陸修靜同行過虎溪橋數百步，一覺大笑而別去。禪月之詩云：「愛陶長官醉兀兀。送陸道士行遲遲，買酒過溪皆破戒，斯何人斯師如斯。」黃魯直之倣云：「邀陶淵明把酒椀，送陸修靜過虎溪，胸次九流清似鏡，人間萬事醉如泥。」

依如上之機緣，可是佛事，不可是佛事，何可捨一法者，宋國既欲滅亡，向乾坤無孤節之卓處，「七尺烏藤靠壁上」雖是家國興亡之一豪傑，但無非卓卓拄仗之天地也。卓卓拄仗宋之天地何在？雖步步是道場持律精嚴，而不受蜜湯，如法身玲瓏，其當相有何用？又為垂悲願廣大之方便，像淵明無酒不堪聽法，都以酒壺買酒來令他飲，這才是真際上之遊戲三昧，謂佛事門中不捨一法。此偈非大乘根機不能容易解之。請勿被鑿空之筆頭誑瞞，植葉兼蝶至，移石見雲生。

劍空

號頌也，《祖庭事苑》雪竇後錄部，盤山寶積禪師示眾云，「禪德譬如擲劍揮空，莫論及與不及，斯乃空輪無跡，劍刃無虧，若能如是。心之無知，全心即佛，全佛即人，人佛全無異，始為道矣。」蓋〈劍空〉號雖據盤山語，此頌非盤山語，意只以空為劍耳。

巧鑄初非百煉成　地函天蓋古霜清
七星夜夜映虛碧　知為何人負不平

第一句，舉「劍空」之本則，此劍以空為本體來見立，即無鑄造陶冶之巧。固不依鍛鍊自然精彩陸離也。此是衲僧家本來具足之金剛王寶劍，豈還有人工鍊鍛之上。第二句，元來虛空本體之劍，用甚麼來作衲此劍之函呢？全地渾球以為函，其廣大之函以蒼蒼之渾天為蓋，聽説昔時漢高祖斬蛇之劍收在匣中其光彩輝於匣外，此劍固不是人工之劍，其神氣精彩雖在「地函天蓋」之中，其光鋩外照氣射斗牛，恰似冰霜之淒冷。第三句，説劍之裝飾，七星珠九華玉是劍上之飾也。其飾還以夜光珠七星，夜夜飾之七星自然映其天彩閃閃，故云「映虛碧」也。劍空之俊拔氣象照耀凡僧之形容詞也。第四句，「劍為不平離寶匣，藥因救病出金瓶」，在太平之聖代天下雖有鼓腹之民，沒有不平之人，那麼為何人之不平而拔出此劍呢？咄！此金剛王寶劍，佛觸著斬佛、祖觸斬祖、外道亦斬、天魔亦斬，乃至粉碎三千世界盡無餘，收得者可自護護他、護家護國、護妖魔、護疾病，不憂敵國外寇，魑魅魍魎不潛其跡，即是清平神器也。今動不動，就有五慾六塵之煩惱賊寇吾真際之太平。在

《碧巖》降魔表甚明也。是否不發其劍空的寒空匣不可，畢竟如何，「兩頭俱截斷，一劍倚天寒。」

悼大虛藏主

昔不曾生今不亡　大虛無際露堂堂
髑髏那畔重相見　立盡空山又夕陽

第一句，大虛元是不生不滅也，提起昔不曾生今日亦無死。第二句，怒鳴唱出本人之名，其大虛在那裡有甚麼生死榮枯的限際呢？請各各舉頭開目看看是不是圓滿無際、露堂堂的虛空？自過去久遠劫以至盡未來際，虛空是沒有榮枯生滅，乃不學無智的愚夫愚婦都知道的。看！「露堂堂」是真面目也。第三句，大虛藏主已死含有好悲傷之意，前往看其遺顏惜別，在其遺體再一次相見之，如何地相見呢？還是「大虛無際露堂堂」地相見了。第四句，「空山」還是大虛，「夕陽」亦大虛。古句云：

「舉頭殘照在，元是住居西。」即指藏主之墓所在斯處，立盡在空山寥寥之間對夕陽而悼之也。雖然空山夕陽俱是大虛，但對於大虛之用法而自見悲哀之情，同是山或日，以紅日曈曈或云青山如黛，即沒有悲哀之情，「立盡空山又夕陽」來頌之，即自然起了悲哀之情，而本地之大虛是依然也。這是拉手與不拉手的作法處，此可謂活殺自在法，是骷髏前重相見了之一句也。

之尊宿也。

四明末宗本和尚

西禪末宗能本禪師，嗣法於斷橋妙倫禪師，倫斷橋嗣於無準師範禪師，破庵下

馬郎婦

《編年通論》：唐元和十一年，馬郎婦不知出處。方唐隆盛佛教大行，而陝右俗習騎射，人性沉鷙樂於格鬪，蔑聞三寶之名，不識為善儀，則婦憐其憨，乃之其所。人見少婦單丁風韻超然，姿貌都雅，幸其無侍衛無羈屬，欲求為眷屬。曰：「我無父母，又鮮兄弟，亦欲有歸，然不好世財，但有聰明賢善男子，能誦得我所持經，則吾願事之。」男子眾爭求觀之。婦投以《普門品》曰：「能一夕通之則歸之。」至明發誦得者二十餘輩。婦曰：「女子一身，家世清潔，豈以一人而配若等耶？可更別誦。」因投以《金剛般若經》，所約如故。至旦通者猶十人。婦又授以《法華經》，約三日通徹者定配之。至期獨馬氏子得通。婦曰：「君已過眾人，可白汝父母，具媒妁聘禮，然後可以姻。」蓋生人之大節，豈同猥巷不檢者乎，馬氏如約具禮迎之，

方至而婦謂曰：「適以應接體中不佳，且別俟少安與君相見未晚也。」馬子喜頓之他房，客來未散而婦命終，已而壞爛，顧無如之何，遂卜地葬之。未數日有老僧，紫伽梨姿貌古野，杖錫來儀，自謂向女子親，詣馬氏問其所由。馬氏引至葬所，隨觀者甚眾，僧以錫撥開見其屍，已化唯金鎖子骨，僧就河浴之挑於錫上謂眾曰：「此聖者憫汝等障重纏愛，故垂方便化汝，宜思善因免墮苦海。」言了忽然飛空而去，眾見悲泣瞻拜，自是陝右奉佛者眾，由婦化也。

蓮敷齦齶唾飛香　經義何如情義長
銷夢關空天似洗　一鈎月掛幾人腸

第一句，「齦」即齒根至向也，「齶」即齧。《維摩經》云：「或現作婬女引諸好色者，先以慾鈎牽，後令入佛智」云云。如此方便此婦誘引人歸善道之語，恰似「蓮華齦齶」而開浧香一樣，咳唾皆香珠也。第二句，佛之經義，雖然意味深長，但是文字經卷以上，人若不信還是無用。馬郎婦，現女人身來化導陝右無佛界之眾生的情義方面，是比經義之深長，還更有一層深長了，此讚嘆馬郎婦之德化者也。第三句，此絕世美人為妻的虛妄夢結，不悟其夢裡春情元來是空想之空，夢與空之迷處的種子之美人忽然死去，空想之春情所留之處亦至於壞爛變成惡臭而掩鼻，更將前境之色欲春情所留之心境加以閉鎖不可復見，至此即虛妄之色相拂去，眼根意根之障礙的塵垢消失了。歸於所有皆空故，是時天似洗、蒼雲晴，成為萬里一碧。第四句，承前句迷雲拂而晴天出而頌其月出當空。菩薩清涼月，遊於畢竟空，眾生心水淨，菩提影現中。此馬郎婦之方便鈎，以將陝右幾數之人牽入善道。陝右之眾生始成心水淨，菩提月現於心水了。「千江有水千江月」，一佛道之月現現千百億之身，入於千百億之眾生心中。此結收一句直即指出馬郎婦之教法。國請簡堂機禪師頌夾山境語曰：「東西南北無門戶，大地山河不覆藏，今夜碧天雲腳盡，一鈎月掛幾人腸。」

過錢塘江

僧處默詩云：「到江吳地盡，隔岸越山多。」蓋錢塘江是吳城之分境也，故有吳地越山之聯。錢人之所作的唐江故名云。

一橈煙水分吳越　兩岸青山無古今
潮撼海門帆到岸　洪波險不似人心

第一句，於吳越之中間浙江的好景色之處浮舟，所感而詠。「橈」是櫂檝之處，推進舟舶之器。然詩中往往用蘭橈、輕橈來代表舟船，此處亦可看作舟。今拈此現成底之公案，述其雲水僧的悠悠天地之間為我家的境界，吳地是吳地，越山是越山，自心現量雖分明，元來不執著於境。第二句，江流之上吳越兩岸，疊疊的青山聳立著，今古沒有變色，其意象徵生死之此岸與涅槃之彼岸相對，然其境自過去久遠劫窮盡未來際，以眾生為中流而屹然立著，決定今古無差別之義也。第三句，如以上之春日和風中浮舟，不起風波時是很美的景色了。但天地之變動是不可測的，一朝強風捲潮，激浪狂濤撼亂海門，孤舟漂搖出沒波瀾，渺小的滄海之一粟實，竟被覆沒亦未可定，揖手用盡死生的秘術，漸能擋逆風，張帆取櫂順水，遂而到達彼岸，見之。第四句，如此洪波狂浪之航，雖是拼命之險，但翻看人心之危險較此為甚！洪波是一時之強風，能夠凌此者都會自收風和浪靜，人心是妄上加妄，欲上案欲，人不知我心而我就危險，發生不安，多為欲海中之波瀾沉沒，遂而不能到達彼岸，死而復生猶欲海之沉溺，生而復死，六道輪迴不間斷，豈啻浙江之潮而已，衲僧家亦為如何？一葦悠悠渡楊子江，梁武呼之不顧，光統律師雖妒而不敢怒，悠悠面壁為我所為，歸西天蹈東海，隨處遊戲，出沒自在，何滯生死涅槃之兩岸，不知末宗過錢塘江之一著，抑拈提何邊事耶。

送人歸蜀

捱得身形似鶴癯　精金百煉出紅爐
巴山夜雨青燈下　佛法南方一點無

第一句「捱得」，古抄為攻責之義，但皆有隔靴搔癢之憾。案《字書》：「捱」是擔，擔是擔撟之熟字，撟是人罷倦舒展屈折云。又音烤，以火曲物。今「捱」字轉成以火曲物之義看之亦可，亦比較穩當，何故？第二句照應之，其意是行腳僧修行，辛參苦修身形之間，如以火鍛煉礦物，卷舒屈折陶冶精煉礙得骨肉憔悴，成如鶴癯，來述其人之刻苦光明。第二句，云其修行功成之樣子，千鍛百鍊之轉金，引出「紅爐」見之，真是干莫之名劍正宗之寶刀，好鋒利的衲僧了，是般若之寶劍的上品僧寶。第三句，而此僧寶將於歸蜀，心想將記在蜀之巴山的夜雨蕭蕭中點著青燈地看語錄呢？可見其有雅淡高韻之趣也，然是其人即有更高的風趣也。第四句，嘆息詞也，如是此僧寶若歸蜀以後此南方之佛法一點都沒有了。噫！此僧之遺蜀實是可惜的，但都是沒有辦法之意也。此句與晚唐之詩人送玄奘三藏往西域時之詩：「十萬里程多少難，沙中彈舌授降龍，五天到日頭應白，月落長安半夜鐘」之句相同。第三句為止詠其人與其到之處，至第四句卻詩其處之實況，古人句法苟如此。

聽蛙

頭戴青苔咄咄鳴　千山虛寂月初明
一機頓發空諸有　大雅松風無此聲

第一句，蛙之跳出古池的潦水而鳴之形容也。故頭上有附著苔，可謂得善詠物法云。然此句看出典，月林觀禪師見蛙「頭戴青苔」，跳起而鳴悟道，又張九成初參完印明禪師，舉柏樹子話時時提斯，一夕如廁以柏樹子話究之，聞蛙鳴釋然契悟。有偈曰：「春天月下一聲蛙，撞破乾坤共一家，正與麼時誰會得，嶺頭腳痛有玄沙。」由出以上之機緣而詠蛙聲之妙處，「咄咄」是蛙聲也。第二句，詠蛙鳴之時節，乃千山虛寂夜靜之趣云，此句尤妙也。此謂之興象法，山山入夜寂寥而靜，月初明虛朗明洞之處，蛙聲一入徹耳。第三句，此聲成為動機更頓發平生心，此一機是何者耶！別無他事，即我平生心也。見到折花賊以作我子，而仔細見了以後亦不可被諸有瞞著的鹽梅以述空諸有。第四句，上來之空諸有時，耳朵所聽只是咄咄也。此聲為《大雅》，即朝廷之禮儀所用之樂是宮、商、角、徵、羽之五音，翕然是正樂之音，但都是人為之音，不及松風天籟，其松風亦不及此咄咄，抑此聲音是何之妙韻呢？咄咄！白隱和尚是舉出一隻手，又香嚴是擊竹一聲忘所知，更不假修持云、末宗是「咄咄」抑何之妙韻呢？

四明子元元和尚

師諱祖元，字子元，別號無學，謚佛光禪師，光嚴帝重賜圓滿常照國師，宋國慶元府之人也。俗姓許氏，明州會稽鄞縣之許伯濟之子也。其高祖、曾祖皆列士大夫，母陳氏。理宗寶慶二年三月十八出生，日本後堀河帝嘉祿二歲也。十三歲禮簡北澗薙髮受具，十四趨徑山拜無準，準一見知是法器許其參堂，十七提撕趙州狗子話，一夜四更聞首座寮之枝忽爾省悟，便作偈曰：「一槌擊碎精靈窟，突出那吒鐵面皮，兩耳如聾口如啞，等閑觸著火星飛。」後祥興二年己卯，日本後宇多帝弘安二年、副元帥時宗之懇請，應之渡日，住於建安，為開創圓覺之第一祖，法嗣於無準。

送橫川住能仁

橫川諱行洪，嗣法於滅翁。

百戰金吾出鳳城　不論滅竈與添兵
夜深蕩月涼如水　誰聽虛弓落雁聲

第一句，橫川是宗門之大將軍也，百戰百勝到處無敵，「金吾」是武官，如日本之近衛大將之官，漢之武帝命名執金吾，顏師古曰：「金吾是鳥名，以避不祥為主。」天子行幸之時為先導之職，應備於非常之所以也。金吾是捧，為杖象鳥，《古今注》曰：金吾是車幅之棒也。漢之執金吾亦是捧也，以銅為之塗金於兩端，古云唐有左右金吾衛將軍。「鳳城」是在杭州之鳳凰山，宋南渡之後設都於杭州，故云鳳城。此句即形容橫川如百戰百勝的大將軍之勢出杭州鳳城。第二句，周末戰國之時，魏師伐韓，韓請救與齊，以齊田忌為將、孫臏為軍師直入魏都，魏之將軍龐涓捨韓備歸齊師，孫臏之齊軍入魏為造竈十萬，明日減為五萬，又明日再減為二萬，龐涓大喜曰：「我固知齊軍怯弱，入吾地三日士卒已亡過半，乃拖延時間。」孫臏豫度其行軍當暮至馬陵，馬陵道　旁阻甚多，以之伏兵，乃斫大樹而白。書曰：「龐涓將死此樹下。」為齊師命善射手萬弩伏其道，日暮見火炬至其樹下一並射矢，龐涓果至樹下一見以火灼之。是時萬弩具發，魏師大亂，龐涓自剄，齊大勝擒魏之太子申。又後漢之虞詡是武都為太守，羌虜遮之陳倉崤谷，詡日夜命吏士作兩竈，日日之增，虜不敢逼，有人問曰：「孫勝減竈，而今君增之何也」。虜曰：「孫臏以弱示敵為計，吾以強示敵。」時勢不同云。今此句之意即如孫臏或虞詡之戰術兵法不依經教文字，單刀直入切入本分之真性，來評橫川之宗旨。第三句，述其溫州雁蕩山之真景，此山有龍湫潭，橫川若到了雁蕩山能仁寺，可是山月玲瓏，龍湫之水涼爽之感耶！詠其心境無二之趣。第四句，那時不像孫臏或虞詡的示弱示強手段，橫川就發虛弓，以其絃音雁老早就落來了。其絃音之妙處誰聽著呢？「一鳥不啼山更幽」，橫川謂何發虛弓可落雁？彼孫臏或虞詡之兵法則如佛之一代時教之經論視之，一箭落雁則是祖師宗門下之一棒一喝可擬之。今橫川是作家之宗匠，一言不發之先學者已接得，誰聽著之時即一言未出，不行一棒，不施一喝！何人能探得橫川之蘊奧呢？「落雁」即大死一番也。誰能中橫川之虛弓、大死一番之意也。「虛弓」之出典是魏之更羸謂魏王曰：「臣能發虛弓落鳥。」有鳴雁由東方來，更羸虛弓以落之，王曰：「汝善射至此乎。」

聽猿

一說云冷泉聽猿送僧歸蜀。

萬里吳江萬里天　盡將客恨送歸船
一聲分作三聲了　誰在巴山暮雨前

第一句，即云杭州至蜀的江流之遠，杜子美亦云「門繫東吳萬里船」。有萬里江天萬里心之句，其意即萬里大江之水亦同於我一心之遠近無差別，吳至蜀一帶之煙水，其水都無異之處。第二句，其大江萬里之水今悉成客恨也。平日之景色雖好，但今日與君分別之時，此水則盡成客恨了。前句云「萬里」，承其萬里云「盡」，是謂虛字之字眼法。君亦客旅中，我亦客旅中，自己本來客也。目前大江萬里，客裏之江山都自他徹底，盡成客的境界，以「送歸船」、「客恨」二字以暗伏置之，後「一聲」、「三聲」應呼出猿之法也。第三句，恰似別時有猿在啼？古來聽到猿啼都會益其悲哀之情云，然今臨別聽到一聲，由離別之悲傷中變成似乎聽到三聲了。其所以者，諺云：猿啼一聲客淚催，猿啼二聲淚沾襟，猿啼三聲絞斷腸。今聽此一聲都值聽到三聲之悲了。第四句，蜀之巴江是猿之名所，行客往往聽到猿聲會起悲哀之情，其事於前面已有聽猿之偈。粗略載出典據，今在此冷泉聽猿之悲，況在蜀之巴山，殊於暮雨蕭蕭之時聽之都更加其悲情的。現在是否有人在那邊聽猿而悲哀耶？君亦會通過巴山之下，到暮雨之時聽著都會益加客恨呢？以今時而掛那邊之辭者，以此偈第一句「萬里」云云，即衲僧修行底到本分田地乃遠而遠也。第二句「客恨」是未悟底之人云，「歸船」即悟得底之人云也。

台州敬之簡和尚

癡絕道沖禪師之法嗣，密菴下曹源道生，癡絕道沖，敬之簡。

歸鶴

水遠沙明倦翼垂　冥冥欲返舊棲枝
縞衣露濕不知重　千尺寒松到頂時

第一句，鶴是大鳥可以高飛行翔遠方，由江海渺茫之處飛來，翼疲勞而擇白沙清潔之處，來休息其垂翼倦疲情形。第二句，「冥冥」是遙而高之意，雖然垂其倦翼，其止處還未到，更需冥冥地飛往自己舊棲的高枝，此只暫之休息而已。第三句，「縞衣」，白鶴本來就白色羽毛不是衣服，像穿了一襲之衣服的形容，鶴本來就厭露之鳥，然要返回舊棲枝，是純白之羽毛被露濕透亦不知重地冥冥飛去。第四句，果然飛到千尺寒松之頂的舊棲枝始得歸家穩坐的境界，此偈以詠物為比體而作，以鶴來比我修行本分之到處來詠賦的。第一句是立志修行之事，雖立大志，時有倦意之心理。第二句，起了倦意心還要精進勉勵，無論怎樣，沒有以初志來貫徹到自家本分之真性不罷。第三句，雖然期間有很多厭嫌之事情發生，可以放下不知，只一直返回舊棲枝為止來懸著念頭進昇。第四句，到了千尺寒松之頂時，乃為我本分之住處而到歸家穩坐之妙境也。

壁觀音

觀音畫在壁上，但似乎浮湧出來的樣子。

三千剎海無虛應　三十二身常互融
昨夜蝸牛畊破壁　出圓通又入圓通

第一句，《觀音經》：「一心稱名觀世音菩薩，即時觀其音聲皆得解脫。」又「十方諸國土無剎不現身。」「三千剎海」即三千世界，凡三千大千世界海或山，若稱觀世音名號以之因緣現身無不施利益，但若無此因緣之處即無感應，故「無虛應」云。第二句，觀音《普門品》云佛身、辟支佛、聲聞、梵王帝釋、自在天、大自在天、天大將軍、毘沙門、小王、長者、居士宰官、婆羅門、比丘、比丘尼、優婆塞、優婆夷、長者婦、居士婦、宰官婦、婆羅門婦、童男、童女、天龍、夜叉、乾闥婆、阿修羅、迦樓羅、緊那羅、摩睺羅迦、執金剛神等以上皆成就應機接物之功德，以種種形遊諸國土度脱眾生云。此偈之意亦相同，「互融」是觀音一身應眾生之機根與其誓願，「三十二」乃至種種而互融現身施法之意也。第三句書湧出壁佛的樣子，觀世音菩薩是活佛也。上來三十二身或壁佛畫像之觀音是陳腐的，「昨夜」是改詞而言，蝸牛從尾流出水銀於壁上迴旋於壁上塗了雲母，這就是觀音像了。用抑下法活其句法。「畊破」二字以蝸牛為因而下的字眼。畢竟蝸牛蜒蜒迴旋之形，即如農夫用鋤耕田地畝一樣之形容詞也。拈來瓦礫是黃金，此即「昨夜」應現之觀音了。第四句，出入無礙自在也。昨夜由圓通門戶之殼出，乃蝸牛吐出水銀之涎引迴於壁上現出觀音，但今朝蝸牛之形跡已消失，又縮入於殼中不見蹤影了。如此轉轆轆地湧出活觀音之義也。按：觀音法門即聞自性之法，自己觀（心觀）其一切音聲是誰觀也。能觀即心，心之本體即自性，曰聞自性，此法門人人都不改其人格地位均以取法門而得度者之意，能觀之心當體即觀音現身也。三十二應身只是略舉之數字，其實不在此限，寓意深也良思之。

涅槃

梵語曰涅槃，中國譯作無為，又曰不生不滅，此處指佛之滅云。

尸羅城裡舉金棺　駿馬驕多不在鞭
三昧火從何處起　二千二百有餘年

第一句，尸羅城此譯為角城，佛是在拘尸羅城跋河之間入滅，沙羅樹是四雙八隻，故云雙樹云。佛在其樹下入涅槃，其樹東西雙合成樹欉，南北雙合成樹垂覆於佛之寶牀上覆蓋如來，大眾哀悼之聲普震一切世界，時一切人民即入城中作七寶金棺，以旃檀、沉水、香華、旛蓋，陳設於如來前供養，大眾悲嘆而扶如來入金棺中，譴使四方力士請棺入城內，二十六力士不能舉，爾時大眾念告諸天，請助我等舉棺入城內云。言未訖！帝釋即持寶蓋垂在空中，乃至色界之諸天皆如帝釋供養聖棺，世尊大悲即棺自舉昇空高一多羅樹，由城之西門入東門出，由南門入北門出，如是左右遶城七匝，徐徐空行至於荼毘處云云。第二句，如上情形佛之金棺，如駿馬不打鞭，自舉騰空飛出之意。第三句，如來金棺安住於荼毘所，由心胸中出三昧火如湧出棺外，燃出漸漸荼毘經七日金棺香樓共自爐云，其三昧自爐之火是由何處起的呢?「從何處起」四字，偈一編之骨子也。若無此一拶，即是尋常底之凡偈也。鑿空子舉一語曰:「人面不知何處去，桃花依舊笑春風。」第四句，佛滅二千二百有餘年遠而遠也。何耶?不知三昧火在眼睛裏。

佛母堂

佛母堂前戶牖開　無非編辟為方來
綠蒲鬣鬣春風裏　誰著儂家舊草鞋

第一句，「佛母堂」者，睦州在母家中作草鞋養母，作此草鞋時其戶牖放開著，為甚麼要開放戶牖呢?第二句，為編辟方來故，辟與逼音相通，迫之義也。即作草鞋編蒲草時一莖一莖地迫造也云，其意:入來豁開戶牖之處的衲子遇到睦州的手腕是像造草鞋一樣地，力究迫問!是法乃是汾陽十八問中之編辟問也。睦州親造草鞋開著門戶，一看衲子來參，直即迫問，是甚麼?故云「為方來」。又方來者自他方來之義也。第三句，時即剛是春季，佛母堂前嫩綠之蒲叢叢生華而春風鬣鬣吹蒲，此正頌現成公案(興象)述衲子出入來問之趣。第四句用遮顯法!鬣鬣的春風是我家之舊草鞋也。誰人會來穿著此春風之草鞋呢?大概恐無人敢來穿啊!以遮辭其處顯理之法也。

毒海慈和尚

師諱妙慈，嗣法於偃溪之聞和尚，太慧下之尊宿也。

大義渡

在閩，福清渡也，後改「大義渡」。

濯足機先被熱瞞　黄金之義鐵心肝
十成報德酬恩句　萬古一江風月寒

註曰：黄檗希運禪師得道之後，忽思省母，行到閩中，有一婆子出問：「何處來？」師曰：「江西來。」婆子曰：「我亦有一子，出家在江西多年不歸。」師因之借宿，婆子親手為之洗足，師足中有一痣甚大，婆子忘記此是我子。次日師辭去，到三里外逢鄉人，說曰：「吾母忘卻不識小僧，然歸鄉一見足矣。」鄉人往報其母，母趕往至福清渡，師已登舟，母望子其中不慎失足赴江沉溺而死。師隔岸見之，秉炬唱法語曰：「一子出家九族生天，若不生天諸佛妄語。」言畢將炬投入江中，時兩岸之人皆見婆子依火燄而轉生男子身，乘大光明上生夜摩天宮云。

第一句，濯足乃優待行腳僧之厚情，此婆子大概懷念我子在江西之母處的樣子，故濯足機之我中心，早已被母之慈悲所熱瞞了。但恐為愛著所牽不敢示名，期間之恩愛之感是填滿胸脯的。第二句，母之恩誼實是如黃金之寶貴也。此處即衲僧之本色，不可被愛念纏綿之情所牽，故云「鐵心肝」一樣何無感情可言，如鐵鑄的金佛了。母親趕到河畔，狼狽地失足跌入水中溺死亦不顧，由此鐵心肝來切斷恩愛之情，始得子母至於不生不滅。母之深愛兒子之感傷脱體現成。第三句，十成酬德之酬之一句：一子出家九族生天否？壽海然否？第四句，「萬古一江風月寒」，當時黃檗之時或今日毒海之時，其萬古江流風月之清寒是不變的，即不生不滅當體現成也。鼇空子曰：踏破大虛空，鐵牛亦汗出。

閩中南叟茂和尚

嗣法於石溪心月禪師，石溪嗣法於掩室善開，松源下也。

大慧塔

註：塔在徑山。號明月庵，大慧宗杲禪師是宣州人也，族奚氏，嗣法圜悟，圜悟在蜀之時，對右承張公浚囑曰：「杲首座真得法體，苟不出世臨濟無人可支者。」張魏公還朝以徑山迎杲，法道之盛冠於一時，眾二千餘人，侍郎張九成從之遊，灑然契悟。一日因議及朝政，師與之，故被連坐，然師恬然，紹興辛酉五月毀衣牒於衡陽。凡十年，又移居梅陽七年。高宗特於放還，紹興二十六年也。明年春復僧伽梨，四方席虛以邀牽，然不就。後奉朝命居育王。年逾為旨，改往徑山，道俗歆望如初。辛巳奉旨居明月堂，臨示寂時大書偈曰：「生也只恁麼，死也只恁麼，有偈與參偈，甚麼熱火？」擲筆委然而逝，門人全身塔於明月堂，壽七十五，詔以明月堂為妙善庵，塔名寶光，諡曰普覺，語錄三十卷、年譜、《宗門武庫》，日本校訂編入大藏經騰帙。

宴坐空山最上頭　梅陽瘴面凜如秋
一爐沉水加三拜　捉敗胸中活馬騮

第一句，頌明月堂之普覺塔之所在，徑山之頂有大慧千古宴坐而入那伽定也。第二句，大慧一日上堂曰：「神臂弓一發，透過千重甲，衲僧門下，看當甚臭皮襪。」時宰相秦檜秉大權曰：「神臂弓是朝廷之所用。」大慧上堂法語寄之誹謗，讒言而流衡州，十年而又移梅陽縣，欲為毒霧瘴癘以致死，大慧道身堅固不為瘴毒所犯。梅州是廣南之地甚暑熱，大慧心地清涼凜如秋天，決無被暑氣所瘴，遂知是冤罪，詔之放還，又詔敕奉命再住育王及徑山云。第三句，南叟來大慧之普覺塔以塔前供淡香爐焚沉水香行禮三拜云。是應第一句而頌出的，「沉水」者海南之林邑香木，伐來投入水中一年，皮肉盡腐朽只殘存心髓者為香，故云沉香。此之沉水即此意，世間有奇南香，或云南沉者即海南之意。第四句，「捉敗」者取勝，「活馬騮」者赤馬黑鬣，詩之在秦風騏騮是駿是也。又一說云猿，昔有趙固，其人得良馬而愛如命，然不知何故其馬忽死，趙固甚惜而哀。時有郭璞者曰：「吾能活馬。」趙固托之，郭璞牽來一物似猿，令噓吸死馬鼻，不久馬活如故，而不見其猿。由此以猿為「活馬騮」云，可能是醫詐死馬而命名的，都是頌其手段敏捷者也。張九成讚大慧云：「眉間懸三尺王寶劍，胸中藏五百活馬騮」云云。案今此偈之意，三拜而儘即捉敗大慧胸中五百之活馬騮也。南叟露出活機用，活馬騮果是大慧之機緣者，簡直是南叟以活馬騮噓吸罵天的呆塔，看看捉敗了大慧之活馬騮，真如成為南叟之活馬騮了。

化鵬

註：《莊子．逍遙遊》篇曰：北溟有魚，其名曰鯤，鯤之大不知幾千里也，化而為鳥，其名曰鵬，鵬之背不知幾千里也。怒而飛，其翼若垂天之雲云云。

翻身躍出北溟來　六合垂雲健翼開
頭面這回都換卻　莫將鳥觜作魚腮

第一句，北溟之鯤魚躍出到南溟來化為鵬云。衲僧非如此化鵬不可。第二句，「六合」者天地上下與四方合之為六之數，其垂於其天地四方之健翼開如雲，衲僧修行罷休而脫凡骨以上，都成為天下的衲僧，如鵬之垂天，如雲之遍蓋了，沒有恐懼之者也。第三句，已翻身鯤魚變成鵬以上，其頭面及全身盡成金彩的羽毛了。衲僧之修行積功，一旦成羽翼以上，都非復黃口乳臭之舊面皮了。人三日不逢後刮目看之，都非吳下之阿蒙，此事也。第四句，如斯之上勿為舊時看也。莫以大鵬之嘴誤認為鯤魚之腮，能可開慧眼來洞明熟視也。已不是癡迷漢，今是天下之大宗匠也。故古人云：「透脱法心無一物，元是間壁平四郎。」元來鯤魚不能闊步飛行萬里上天下地，已成鵬以上七通八達自由自在也。衲僧至此，鯤鵬之鳥嘴魚腮之見即沒有了。

秤命術者

「秤」是正斤兩之器也。丑正切音偵，俗稱天秤云，度量器也。蓋此術以二人掛於天秤來度其斤兩而判斷吉凶的樣子。

卦盤掇轉絕疑猜　卻許先生用處乖
只靠這些平等法　看誰負命上鈎來

第一句，此術者不用易卦卜，故云「卦盤掇轉」，擲去八卦，以秤上來判斷吉凶，以免有猜疑，猜即測度，疑即難決。第二句，「卻許」即愈譽其妙術，通常卜者都用蓍龜依八卦來判斷吉凶，然此先生乖異，以秤錘來判斷，賞許其異於通常。第三句，至此南叟和尚始露其尾巴，先生以權衡度量判斷吉凶者，且入我平等法性來明斷看看，權衡固非平等不可，南叟之權衡是明此平等法性的，先生明白此處而斷耶？第四句，若謂明白平等法性者，看！草木國土悉有佛性！誰負天命來上汝的秤錘呢？咄，擔板漢，將秤錘放下去，向汝自家屋裡之平等法性去明斷可也。（機緣典實），周之呂尚嘗鈎於渭陽，垂以直鈎，或問曰：「鈎真用直鈎其故如何？」呂尚答曰：「負命者上鈎來。」蓋殷紂負天命遂上文王之直鈎來，諷之也。

雲居率菴琮和尚

嗣法於佛照光禪師，大慧下也，此偈邑翁淳禪師之作云，蓋憩公憑依何處以為率菴之偈，或是《續傳燈錄》之錯誤，是何未知也。

佛生日

摩耶夫人臨產之時適遊於毘藍園，四月八日，日初出時於無憂樹下，其花葉茂盛，以右手舉攀摘花，佛漸漸從右脇出生云，佛出生即周昭王二十四年甲寅四月八日云。

毘藍園裡毒花開　添得雲門醉後杯
今日柯橋風色惡　淡煙疏雨洗黃梅

第一句，「毘藍園」又云藍毘尼園，摩耶之父善學長者之家在此云。「毒花開」：本來清淨一物不著之處説甚麼佛，若言佛生已是毒花也。「花」字對附「園」字，翻案之：為一切眾生煩惱妄想而言，佛即是大毒藥也。實際於理事不受一塵之處云佛者毒也。於佛事門中不捨一法而言，即成為一切眾生煩惱之毒，中其毒而妄想病盡皆驅出！不論如何貶成大毒種草之花也。第一句，此毒花已開後，雲門禪師出來曰：「我當時若見一棒打殺與狗子喫卻，貴圖天下泰平」云。已是醉後之杯而添贅語者也。此第一、第二以抑下托上法，貶為毒花，貶為「醉後杯」者，其實淨飯王富有四海之榮華榮耀的歡樂，而生了菩薩，此最大愛之凝結物的太子當即出家，忽覺浮世之夢，惹一切眾生之宿業的煩惱界顛倒之貧富苦樂的夢境，中此毒花之香頓將消滅之義也。後來雲門出來曰：「說甚麼臭話？甚麼唯我獨尊，什麼了不起？一切眾生草木國土皆悉唯我獨尊得，汝獨自傲然謂唯我獨尊，剩來的五時八教，說立那麼多的嚕囌經文，要作為毒殺自業自得的眾生了簡嗎？我當時若見到即一棒打殺去喂餓狗」，以貶之。其實示釋迦初生之境界，來露出人人箇箇的唯我獨尊底，盡明如來之記莂。蓋釋迦初生之毒花，猶是中毒眾生煩惱之毒酒也。已中毒酒而身心脫落安住於第一義諦，今於雲門醉後持杯來有什麼用的句意，貶中自有褒意含在裡面。

（典據）世尊纔生下乃一手指天一手指地，周行七步目顧四方云：「天上天下唯我獨尊。」雲門云：「我當時若見一棒打殺與狗子喫去，貴圖天下泰平。」

第三句，「柯橋」指越州柯橋之接待寺，率菴此時居於柯橋，四月八日暮春初夏之時，越是暖帶地氣候早，至落花嫩芳之時節，風雨淒淒也。故云「風色惡」，以「惡」字來應第一句之「毒」字。經云：「如來降誕之時，難陀龍王，跋難陀龍王，由空中吐清淨水，以一溫一涼來灌太子」云。今日的風之模樣惡呢！第四句，昔日黃面的怪兒受難陀兄弟灌清淨水，今即不然，是以淡煙疏雨來洗梅子熟了所帶的黃色。率菴初夏風雨，非如雲門之當時一棒話的邐八刻。今日即時早，是惡水灌驀頭，什麼佛誕生啦，雲門之一棒打殺啦，不必演那種戲劇。「到得歸來無別事，廬山煙雨浙江潮」，即是貴圖天下泰平之境界也，依佛誕生立率菴之宗旨也。

送墨與人

《遵生八箋》之書云：「墨之妙用，質取其輕，煙取其青，嗅之無香，磨之無色，新硯新水，磨若不勝」云云，以為墨之本來妙處云。墨之第一義諦也。

一點雲生秋兔毫　莫將容易寫離騷
月明華頂風清夜　萬杵霜花落毿袍

杜子美在《飲中八仙歌》云：「揮毫落紙如雲煙。」將其詠直即取來作本則。「秋兔毫」即筆，獸類之毛夏天疏而節多，至秋夏毛拔換，為冬之支度故毛密無節，輭柔為筆運筆輕滑，故云「秋兔毫」。第三句，製此墨都是卻卻辛苦所製，不可視為容易也。可用以寫佛經祖錄也。蓋此僧好俗學，可見嗜好《楚辭》的樣子，故屈原之《離騷》雖是高尚之文，都不值用此墨來字其《離騷》的，廣幾眼高一層，轉入佛祖之疆域。第三句，看來天台山之華頂峰之地與墨有緣故，或其邊出有名墨，推其結句見來知是墨之產地。其明月清風之夜，搗十里松之松煙地製墨。第四句，「霜花」即合墨之粉也。「毿袍」即以縟細之獸毛所織的毛衣，可見是寒天的氣候，其松煙用「萬杵」所搗的粉，落著於毛衣、手顏、身體都變成黑色，所作之墨固不可看為容易也。咄，黑漫漫時如何，請在這裡參而磨此墨看，元來不立文字也，何有《離騷》與佛經可擇？卒菴老落草甚？

涼簾

《雜毒海》云，只有簾已，《百丈清規•節臘章•月分須知》四月初一日（鎖旦過，初四五日間告香，普說初八日）佛誕生浴佛，會庫司預造黑飯，方丈請大眾夏前點心，十三日建楞嚴會，十五日結制（候天氣僧堂內下暖簾上涼簾）。九月初一日首座復鳴坐禪板，堂司提調糊僧堂窗，下涼簾上暖簾。

絲開渭水蒼龍骨　織就炎天片雪寒
六用門頭纔放下　節紋一點不相瞞

第一句，「渭水」是竹之名產地，「蒼龍骨」看謂竹之異名，其破成細絲。第二句，以其竹所織之簾，炎天酷暑之時亦如片雪之寒一樣不覺炎熱。第三句，「六用」即眼耳鼻舌身意，以其六根內頭掛起遮暑者。第四句，簾是以竹節製而成紋，但其紋一聯一聯地自上至下整整分明懸著，決不相瞞的，眼目不會朦朧的。蓋此偈乃是詠物體，其中自有用意，抑蒼龍骨乃竹，詠簾之本分渾體也。此之「絲開」即如絲地開為五家七宗，然在三界之欲惱炎天，我本分之簾使遮拂煩惱，如送片雪的清寒之風一樣，隨著人人箇箇之假體而廻旋，為此六根而感有寒熱而放下竹簾，此簾之節紋一點都不紛、整整地徹見分明也，復無空華之眼的眩惑，八面玲瓏清風起。按：若果立於本性的體位上即一切煩惱消滅，但六根門頭一物不毀。

校者曰：黃山答侍曰：「壁掛蒼龍骨，溜渠故濺濺。」註云「龍骨」謂水車。王介甫詩云，「龍骨長乾掛梁梠」，李商隱詩云，「伊水濺濺相背流」。

閩中北山隆和尚

神光北山紹隆禪師嗣法於癡絕沖禪師，《續傳燈錄》載之。

血書楞嚴

「楞嚴」是梵語，涅槃云，「楞」為一切事究竟，「嚴」譯為堅固，所以「楞嚴」譯為一事究竟堅固。

妙明明妙竟如何　知見無時無亦無
拔出瞿曇三寸舌　至今猶帶血糢糊

註：《首楞嚴經》第四曰：「性覺妙明，本覺明妙。」長水註曰：「性覺本覺指體也，妙明明妙顯用也。顯不由他，故云性覺。性自覺故，性自明故，豈由於他。顯非有始，故名本覺，本來覺故，本來明故。豈因始有，又體無改易，故名性覺，相非生起，故名本覺。體相寂滅，心言不能及，故稱妙。靈鑑不昧，昏惑不能暗，故

名明，妙明明妙左右言耳。或可寂而常照，故稱妙明，照而常寂，故曰明妙，是顯法界一相真覺無二。」知見無時無亦無，瑞鹿遇安禪師閱《首楞嚴》，到「知見立知，即無明本。知見無見，斯即涅槃。」師乃破句讀曰：「知見立，知即無明本。知見無，見斯即涅槃。」於此有省云云。

第一句，本性是妙，本覺是明，性其物實「明」字以外無可為名，本覺之覺若動出時以「妙」字外無可稱。其明即是本覺，妙即是本性，明是用，妙是體，明妙是心也，依性起心之義也。妙明即性者，依心歸性之義也。蓋心性無二致，參之即歸一，其一歸何處，故覺如何即地發疑問？第二句，本性本覺妙明明妙地體用歷歷明明動出，上乃涉到有無的知見，由是於如清澄之海水捲出波瀾一樣，森羅萬象疊瀾重出，以之為知見無去徹見，其無猶在也。若執無其無又動出生有，故知見無做到工夫徹底以上，其無亦歸無了。如此遣無、空無、空亦又空消，然言說亦無，迷悟亦無，若至此本之妙明亦不立，性心歸一如，亦無明妙之作用，如本來清澄的海水，靜明溶溶也。以此上釋迦說《楞嚴經》抑說何呢？無說無言，無教之教也。第三句，「瞿曇」是釋迦之姓，佛以三寸舌，謂廣長舌也。就北山血書之《楞嚴》而言，以「妙明明妙」之真體一如之理，以其悟力來一拔其舌來看之，以尺寸量之有何程度之長呢？第四句，太長了，自三千年的古昔拔出至今日還未終盡，但拔出瞿曇舌的血糢糊地凝結著，碧血淋漓由北山指頭迸流出，又以此血書寫《楞嚴經》了。鑿空一拶曰，此舌何日能拔盡，此血流到何時止，妙明明妙心性不二。更敲案而吟曰：「白雲飛鳥去寂寞，楚岫吳山空崔嵬。」

鳥窠

《傳燈錄》第四，杭州鳥窠道林禪師見秦望山有長松枝葉繁茂盤屈如蓋，遂棲止其上，故時人謂之鳥窠禪師。復有鵲巢於其側，自然馴狎，人亦曰為鵲巢和尚。有侍者會通，忽一日欲辭去，師問曰：「汝今何往？」對曰：「會通為法出家，以和尚不垂慈誨，今往諸方學佛法去。」師曰：「若是佛法我此間亦有少許。」曰：「如何是和尚之佛法？」師於身上拈起布毛吹之，會通遂領悟玄旨。元和中白居易出守茲郡，因入山禮謁，乃問師曰：「禪師住處甚危。」師曰：「太守危險尤甚。」曰：「弟子位鎮江山何險之有？」師曰：「薪火相交識性不停，得非險乎？」又問：「如何是佛法大意？」師曰：「諸惡莫作，眾善奉行。」白曰：「三歲孩童亦解恁麼道。」師曰：「三歲孩童雖道得，八十老人行不得。」白遂作禮。

八十翁翁盡力行　布毛吹起禍重生
殺人流血三千里　古樹枝頭一老僧

此偈莫作簡單看，此乃北山徹因底之言句，言辭機境無可奈何之處，其布毛吹起生何之禍呢？鴆酒一杯當面傾。

第一句，以白樂天之問答機緣來提起，「八十翁翁」地肅揚之，請更盡力行之，是指樂天盡力行之，或會通侍者盡力行之，或鳥窠盡力行之，或抑北山盡力行之，或諸人盡力行之，諸惡莫作眾善奉行！八字之宗旨，向三歲孩童之行處何不盡力？臨濟禪師曰：「任運著衣裳，隨緣消舊業，要行即行，要坐即坐，無一念心希求佛果」是我盡力之處也。古人有歌云：「只看似無苦的水鳥腳不停即我心耶」，請向各各向此處著力看看？第二句，此句乃與會通侍者之問答機緣也，會通侍者問和尚之佛法，鳥窠拈起身上之布毛吹之，故會通悟了，不必要之戲法呢？元來與白侍郎舉示諸惡莫作眾善奉行，已引起一則禍端，又拈起布毛吹之，重重生禍了，卻將搖起以為快樂的無明宿業之夢而此與下貶辭。第三句，殺了白侍郎之業繫若報身，又殺了會通，打殺這些多惡業之輩，其惡血如泉地流三千里，噫，豈啻三千里呢？到今日猶有血腥了。打殺如此人物的惡僧是什麼樣子的人呢？第四句，即是住居於長松古木枝上的一老僧也。此老僧作什麼惡戲業呢？鑿空氏吟曰：「黃雲城邊烏欲棲，歸飛啞啞枝上啼。」此篇第一句拈提本則，以下皆頌「盡力」二字，以用抑下法。第四句露鳥窠之全身，單提獨朗法也。即可謂抑下之托上法。按：吹起布毛的全身動作當相即道。

書敬亭山主牕

註：《大明勝志》云，寧國府宣城縣北十里在敬亭山云云，有李白《獨坐敬亭山》為題之詩，即此處也。

十歲重逢各老蒼　古菱無照劍無鋩
木犀樹下西窗日　閑縛疏籬種晚香

註：「老蒼」《韻會小補》云：蒼浪老貌。杜詩云：「結交皆老蒼」，謂華髮蒸浪也。

第一句，相別後十年再會互相都容貌變得年老。第二句，斯其年老時候不想照鏡，鏡不論老小都照，但我的顏面已衰老，照來似乎有減光輝之感，古云「古菱無照」。「古菱」鏡也，鏡玉菱花，「劍無鋩」者，俗謂鋼似乎入於裏面，「鋩」即鋒刃也。年老萬事鈍之義也。以上二句同述其感嘆老年。「公道世間惟白髮，貴人頭上不曾饒」，無辦法了。第三句，述其老境樂趣，高青邱云：花因白髮更精神而詠之。樂其木犀或菊花的秋花瀟灑之趣，可見有離卑俗的高尚風韻，春花除梅花外，比起秋花雖豔，卻乏其韻致，於是敬亭山主看其花境，木犀亦已落花掛斜陽了。第四句，當時老人閑閑爾而雨為疏疏地縛籬，移種晚香之菊於庭園，添著隱逸的高趣，來頌殺第一句之蒼老二字，用木犀晚香始得警妙也。

四明石門來和尚

天童石門善來禪師嗣法於靈隱大川濟禪師、大慧下之尊宿也。

香洲

頌號也。

平鋪無數藕花紅　斷岸斜汀面晚風
鼻觀通時絕氣息　不知身在水雲中

第一句，就「香」字頌之，香必謂蓮花者，以「洲」字容易連續故，為此拉蓮花來的，「藕花」即是蓮花，芙渠其根為藕云。又芙渠即芙蓉之別名，荷即芙渠，江南之人謂荷，芙蓉之莖也，蓮是芙蓉之實，菡萏是芙蓉之華也。總之荷及芙蓉也。又蓮是通名，此句無數之藕花平鋪在湖中者，藕花很多的意思。宋之道潛，「五月臨平山下路，藕花無數滿汀洲」的意也。第二句，專述「洲」字，「斷岸」即水際之岸壁立之處，「斜汀」即水際之平地斜繞著岸的形容，向夕陽之熱風薰著香氣云，以上述其實境。第三句，始示石門本地之風光，「鼻觀」即以鼻孔嗅無數藕花之香處，即入於香世界之觀念，至此假和合而成我身，四大盡忘失，忘卻了四大色身，當然依四大所起之氣息亦忘卻，與藕花之清香打成一片，故云「絕」。第四句，斯之氣息絕了以上，我身的觀念固然盡空，所以斷岸或斜汀之水雲景色，卻沒有能見之人了，向此「斷岸斜汀」水雲之無處，如何有香洲之人呢？試試仔細來點檢看？

村田樂

《神隱》上卷云，田家秋收之際，米穀入倉，耕牛解犁，此是一年勤苦之功見矣，及有祭賽於牛王之社，各村必立會長，一年一家鄉人聚之，乃殺牛羊，蒸作麵食酒釀之屬，以祭享之，其鄉之老少男女扶老攜幼俱至，槌鼓擊鑼而迎，以排鋤鏟於隴畝之上，大叫鼓舞喧呼，而迎至於廟所，祭賽畢，其會長之家，預先搭蓬於院內，還以酒食。候祭畢，迎之於家，各序長幼而坐，以尚其齡，老者頹然於中白髮童頭，少者匍匐於前，跪拜盡禮，先令童子道詩，主人或起或舞或鼓琴，老少撾鼓、村夫執鋤鈀而舞，或粉其面或墨其眼，歌笑盡歡，謂之村樂云云。日本昔有猿樂，田樂雖其趣有異，都基於此俗者乎。

意舞佯歌取次行　鼓聲嘈雜笛悠揚
玉堂金馬非吾事　土甕新蒭晚粒香

第一句村田樂者，田夫不知舞法而自以乘醉而任意亂舞，故云「意舞」，「佯歌」亦同，佯狂而唱沒有節奏樂韻放題而歌也。「取次行」即舞足廻跳也。第二句，接著吹笛、打大鼓，嘈雜喧囂也。第三句，「玉堂金馬」即朝廷文武百官。玉堂是翰林院，在禁宮君王所燕居之處，供養人的學士作頌而絃誦之，有太史樂官等時時奏奉美樂，五音六律翕然而舞樂行八風。金馬是門名，漢武帝時建金馬門，是待武官之所，則奏軍樂練兵規律森嚴。斯事非吾野人共致之事也。其玉堂金馬所備之羹龍鱠乃不待言而想可知也。第四句，吾們所樂非上述的玉堂金馬，美酒珍肴都不入，百姓是百姓，農夫是農夫之所具，各守其業，各盡其職，上下限界分明，樂亦以吾業為之，行力亦以我業行之，是即石門之宗旨，故以土甕作濁醉而飲，新蒭是澄酒之漉物，晚耕晚稻之來也。古時以晚稻來作酒為最善，飲自釀之新酒，而作田樂而樂即吾事足矣。是可謂太平鼓腹之民，此偈即和光同塵之境界，菩薩遊戲三昧也。在佛世即維摩居士、或唐之普化和尚、傅大士、會昌沙汰之諸高德、五代之布袋和尚之類，日本之一休禪師，都遊此境界，難哉！古人之崇行。

寄蒲首座

摩挲老眼數歸雲　又見花開錦鏡春
閑淡未宜為雨去　偃松幽石喜相親

此偈祖苑聯芳題為〈送人歸靈隱〉，偈意不合，以本題為是。第一句，石門摩挲其老眼，望其首坐歸去之方的雲而數其跡思慕之。「數歸雲」者可知其人不在其處，故可謂寄贈之作也。非送別之意。第二句，別蒲首座已來，我住處之雪竇山的錦鏡亭前之草木盡逢春而開花，可見錦鏡亭前春色十分富美了。靈堂禪師之偈云，「池面溶溶水照空，春風花影落青銅，倚欄擬作機頭看，已墮阿師圈匱中。」此偈之意義與本題似乎有甚關係。第三句，承起句之「數歸雲」以閑淡去沖薄雲之濃密，固依淡雲即不成雨了，柳大宗師之出世開堂即如慈雨之潤草木至於蒲首座的閑淡性質，是閑雲淡影的人物，並非希望出世開堂名義，決不墮世間之圈匱也。第四句，然來雪竇與我俱見錦鏡之樂，若首座前來，「偃松幽石」都歡喜能相親過日呢？此是石門之圈匱也，蒲首座墮是乎，不墮是乎？請照顧腳下參得此偈看看。

四明指堂標和尚

嗣法於石林鞏，鞏嗣法於滅翁禮，禮嗣法於松源。

明覺塔

智門見了接天衣　何用低頭扣隱之
水畫洞庭無字記　峰青乳竇不磨碑

〈明覺塔〉之偈前有象潭之作，此不附題下解。第一句，雪竇是智門祚禪師之法嗣，故云「智門見了」。天衣懷禪師是雪竇之高弟，故云「接天衣」。時其傳法受授佛祖正統之的孫，實謂雲門中興之祖也。第二句，「隱之」是雪竇之字。禪師名重顯，字隱之，居於寧波府奉化縣之西雪竇山，故云雪竇，天下無不知者的隱之禪師，何故來此雪竇，扣問是不用的，這是要看隱之的真面目的。第三句，「圖畫當年愛洞庭，波心七十二峰青」，此則是雪竇無字之記也，用文字記錄是沒法去知隱之的，請看明明的洞庭之景可也。第四句，「乳竇」即乳峰，此奉如人之雙乳相對有峰，故名乳峰，四明之《圖經》有，「兩峰如乳相對為竇，瀑水飛流如雪」，云云。蓋此雪竇基此而號。如此乳峰青青屹立，雙峰之間如洞穴透著，一見雪竇山也，萬古磨不得之碑文也，三、四之句尤妙境也。隱之禪師之號曰雪竇，禪師來此看此山謂扣隱之，此山景即無字之記，萬古不磨之碑文。

送人歸雪溪奔母喪

黃金難鑄揖親顏　痛在胞胎一剖間
回首雪溪渾似雪　敢言孝滿學曹山

註：漢攝光以黃金鑄父母之像。「孝滿」者，曹山本寂禪師因僧問：「父母俱喪時如何？」山云：「待孝滿許汝還鄉」云云。

第一句，雖能如攝光的典據以黃金鑄母像，亡後之揖親顏畢竟是形式而已，不能成為真正定省的盡孝。第二句，述其初生之際的母之痛苦。「胞」乃未成形時也，「胎」即未生之以前也。「剖」即是出生，佛在《心地觀經・報恩品》中說及母之十德，其托胎十箇月間的母之苦勞，是不容易的，妊娠一子時其身中的苦惱是無法譬喻的，又分娩時都是賭生死的痛苦，豈得言喻。而過去久遠劫之前至盡未來際之後，有時為子，有時為親，生生世世結之因緣的悲母，何可以用黃金珠玉為模像來懷焉？其悲嘆之痛自初生以前至今日是不可有限的。第三句，如以上之大恩德的母親，從前我遊方中著風雨寒暑，倚門立巷照顧念我身，比此更加廢寢忘食而度老哀過著殘生的，今日奔其喪而來雪溪，果如地名頭亦如雪了。第四句，應一、二句，悲母一代之告別，應該速還鄉誠懇地為母修佛事薦冥福追弔為宜，此離別是可惜的，悲母之大事不可替。曹山的僧之父母俱喪時如何之問答，「待孝滿許汝還鄉」者，指堂即不然，請孝滿再來學曹山，汝我會裡在此到頭如雪溪之雪一樣白，來修行，殺了無明的父，殺了貪愛之母，所生之悲母的孝滿我知之，故言「學曹山」之與僧問答語，留汝耶，去也去也。

開藏經板

聞見錄：後唐明宗長興二年，宰相馮道、李愚請令判國子監田敏校正《九經》板，以藏經刻板印賣，朝廷從之，蓋板之始也。今此題是當時藏經板新成之開板云。

瞿曇曲為說來由　遞代雕鐫禍未休
誰道遶禪牀一匝　更無一字落刀頭

第一句，瞿曇已經明說草木國土悉有佛性以上，有何可說之法、有何可修之道。即今不說不言，一切眾生孤明歷歷皆悉具足佛性，何故說了五時八教三百餘會的廢物？畢竟曲說其法之來由，不過費其贅舌。第二句，爾來遞代西天廿八祖，唐土六祖以下五家七宗，且收入諸宗之教義等於今日藏經，雕鐫板木行世者，五千餘卷之多，瞿曇之饒舌禍延諸宗學者，尋句遂章，分段說科，惱人頭腦，痛心臟而猶未休。二句卻以貶語來廣大世尊一代時教，可見古人之筆頭有力。第三句，昔趙州和尚之時有一婆子，送人錢請轉讀藏經，和尚受其施物卻下禪牀遶藏經一匝，乃云請轉語婆子，藏經已轉讀了。其人回告婆子，婆子云：「請比來轉全藏，如何唯轉半藏」

云云。誰道即若非趙州是不斯言的意思，真的轉讀藏經遶禪牀一匝，此一匝的轉藏是何人都不可能的。第四句，看啊？趙州之轉藏，五千四十餘卷都沒有一字用印刀雕刻的經文，真的轉盡了瞿曇金口之一代時教了。今開經板，指堂眼中是無經板的，轉開了無字之經卷而呵佛罵祖，以轉翻舌頭來頌得經板也。鼇空氏曰：以二十八字奪卻了五千四十餘卷，抑指堂廿八字有何痕跡？元來鬍鬚赤是赤鬚鬍。

舍利轉育王

註云：「舍利」其云「設利羅」，譯「骨身」。阿育王八萬四千國土役使鬼神造八萬四千塔，此育王山舍利塔其一也，年久陷在地中。晉西京劉薩訶死，入冥府，冥王使劉蘇息，云：「你還人間至會稽，可禮育王所造舍利塔。」劉蘇息便至會稽，尋遍溪山無育王塔。一夕，望氣當會稽東南有白光冲天，覺尋到，彼使人掘其地，果得此舍利塔高三尺許，始建僧舍，因號阿育王云云。或云舍利元在育王山，大元王取舍利而還於禁中。於時有一人出現王之前，王問其名，答曰「招寶七郎也，我來守護舍利也。」帝城之中發光，王還舍利於育王山，此題「轉育王」蓋此時也。

稜稜粲彩鑄華珍　是佛光明見未親
皎潔一天青海尾　夜深北斗轉南辰

第一句，「稜稜」即形容光的尖射之貌，「粲彩」與粲然同是熟字乃光明之形貌，「華珍」即金銀、瑠璃、硨磲、瑪瑙、珊瑚、琥珀、真珠等之七寶，「鑄」即莊嚴鑄造。第二句，如是佛的光明這樣燦爛，但此有相之舍利塔不能說是親見佛光明的，真正佛的光明是如何纔能見到呢？第三、四句，斯乃取出如皎潔一天青海的無相舍利塔，夫其日輪由東海出現，其瑠璃青色的海潮與水天髣髴，光明皎潔照破山河萬朵，夜間又北斗星或南辰閃閃如月華星彩與一天金玉相聯一樣，故佛光國師云：「老僧舍利包天地，莫向空山撥冷灰。」天地四維南北東西玉回珠轉，光彩陸離，方為人人箇箇親目所見之處，人人箇箇之心親知之所也。此云真之佛舍利光明。何來拘束於有相如米粒之舍利。蓋地蓋天何處非舍利光明耶？請以道流精進堅固來親看自己本具之玲瓏的摩尼珠，不然舍利有何功德？昔宋之破庵禪師赴徑山蒙庵之召陞座首座之職，會下有位寶上座者，云有具大知見。凡遇住持或首座之開堂必出進問，諸機捷辯迎鋒取勝，此日當破庵之陞座，寶上座至，破庵垂語曰：「乾坤之內宇宙之外中有？」寶上座擬議，遂打出，其時寶上座待破庵之語舉盡乃欲進語之處，既於云「中有」之處打出：自謂「破庵故意摧折我。」歸於單牀點坐苦修全身脱去，付之火葬出舍利，鄉人收之呈破庵。破庵拈起曰：「饒汝舍利八斛四斗出之亦置一壁，還我未生前之一轉語！」遂將舍利擲地，然舍利忽化為膿血，於乎內之於凜凜破庵峻嚴枯骨，純乎寶上座死後機猶全矣。

謝延壽堂牀帳

註云：「延壽堂」一云省行堂，病僧棲息之所也。《庚溪詩話》云，唐末一山寺有僧卧病，因自題其戶曰：「枕有思鄉淚，門無問疾人，塵埋牀下履，風動架頭巾。」適有部使者經過寺中，惻然憐之，邀歸庵療治。後部使者貴顯，因言於朝遂令天下寺置「延壽堂」，專養病僧也。省行堂者當病時，自省知此違緣皆從「行苦」出之謂也，畢竟修省改自行以退病義也。又僧人要臨終時設有涅槃堂。昔有僧在涅槃堂作詩云：「講經説法實堪傷，今日卧病涅槃堂，門無過客窗無紙，爐有寒灰席有霜，病來方知身是苦，健時都為別人忙，老僧自有安心法，八苦交煎總不妨。」

施心何起病何來　榻擁寒雲撥不開
藥忌是誰除未得　夜深飢鼠觸燈臺

第一句，發一問曰：「施牀帳之施心由何所起呢？」為病僧防寒依之施牀帳的心所起之本源是何也。又病僧之病的來源是何耶？鑿空氏曰：欲問花來處，東君亦不知。又曰：《金剛般若》云：「過去心不可得，現在心不可得，未來心不可得。」畢竟施心、病心由不可得來也。第二句，由斯不可得來的病心與不可得的施心，相投合之一如不可得相成的榻上，掛此牀帳，來擁其寒雪冷氣不入以上，都打拂了一點片塵的外氣來，推開亦不能進入，生鐵鑄成之處何容外氣之侵入呢？第三句，「藥忌」者，藥與忌物也。有了如斯牀帳即外氣不能入，藥還是要服的，忌物不食為宜，不能消化之物勿吃為要，然是治假體有相之病的儀式也。本來心病是汝之善知識也。「誰除未得」，已起除的心念反而侵入，何不除不入之處去反取出入息，即病心在何處，施心在何處，去念念省行，念念藥忌，至其不可得處始大醫王之法身現成。不然！第四句，假體之病惱苦悶中了知不識地行看無明的深夜，第三業偷心之飢鼠出來在煩惱油所燃點之燈臺下舐其油，不知不覺之間油盡燈消，又還歸元來的無明黑業之病，蓋聊些公案葛藤皆是病種也，佛教祖錄不過是「藥忌」而已，請道流此不可得之妙境而後已。

海門

號頌也。江海相交處謂之「海門」，浙江之口有兩山，其南曰龕山，其北曰赫山，並峙於江海之會，謂之「海門」云云。

波波浪浪盡收聲　一亘青天浸巨溟
何處客舟歸未得　際空玉戶不曾局

第一句，說海之廣大，波隨風由水起，浪即波湧起疊疊之揚形，百川萬派的波浪競流而發出閶闔之聲，將入海門與渺茫的海潮混合，遂而收了河漢之聲成為一大海，故云「萬派聲歸海上消」即此也。第二句，一天亘澄湛湛如水天一色的碧瑠璃，故云「青天浸巨溟」詠之，巨溟即大海，或云巨海，此頌因為韻的關係將海改為溟字。第三句，以此「客舟」之句來付與全篇之生氣，以上二句即是法身玲瓏之境界也。

只用玲瓏即沒有生動，即陳美景一片而已，添此一點之客舟即作者之力也。「何處」二字虛語尤甚也。前二句的茫茫渺渺之大海之一漂的舟。都不知誰人的舟，何國之船，「何處」二字愈興像海門外之廣闊，是謂詩之興象法云。「歸未得」者，如斯如流著油的滄海清潮上，泛舟而遊，都無意歸去，眾生乃逐於五欲之境歸未得、聲聞即冀涅槃而歸未得、菩薩即在自利利他的行願中歸未得也。第四句，唯是開放海門水天一色之處，向溶了的滄海不曾侷促，波波浪浪亦入之、清澄湛湛之水亦入之、眾亦入之、羅漢亦入之、菩薩佛亦入之、魔亦入、森羅萬象皆入此中，以此美境看做人人箇箇之屋裡光景即，皆歸未得也。

矩堂

號頌也，規是作圓之所以，「矩」是作方之所以，今之勾尺。

不假工夫巧劉成　高昇閫域凜如冰
三千典憲今猶在　破法違條始可陞

第一句，人人本具之一靈台是在眾生而不減，在佛而不增，乃至螻蟻蚊蛇「一切草木瓦石」，這無欠無餘，更不假思慮工夫，不用勾尺，不煩修治，自威音王以前完備巧妙結構，歷歷分明現成公案，（「不假工夫」是規，「功劉成」是「堂」）。第二句，既不假修治，亘何階級，須直下頓證，故云「高昇閫域」，證悟此一著子，得坐斷佛祖之頂顊故曰高，又不容易能昇此堂故曰高。古句所謂「艱難如直上青天」，可斟酌此意。「閫」是隔，「域」是界，果能入得此堂之閫域，炎天的六月亦凜然恰似寒峭苑如冰雪，此堂中本來雖無規矩無階級，然其無規矩處有規矩，無階級處有階級，「如冰」是對「高」字，意味著規矩階級之森嚴，「高昇閫域」是「堂」，「凜如冰」通於「矩」。第三句，「三千」者，《孝經》云「五刑之屬三千。」五刑者，墨、劓、荊、宮、大辟也。「典」是法，「憲」亦是法，即規矩也，法律也。古語云如「國有憲章」，吾們有佛祖之洪範，「國有憲章」三千條之罪，又曰「有條攀條，無條依例」，國自古迄今就有嚴密之法律。其森嚴峭峻恰如冰雪，寸毫不可違犯，苟入佛祖之堂奧，欲成為破家散宅底之衲僧者，即遵無規矩之規矩，經無階級之階級，勇猛奮迅，非直向百尺竿頭進一步不可，「頌矩字」。第四句，然墨守規矩，拘泥準繩之間，要陞此堂中穩坐是不可能的，須破法度，違條章，即二、三十年之行腳辛苦參修，積功累德，一大藏經，一千七百則之公案，於眼中不留一箇，悉透得破，坐得斷，始陞此堂得穩坐於堂中。「陞」字是字眼，此「陞」與第二句之「昇」字對照，可玩味其深淺輕重，「破法違條」是「矩」，「始可陞」即「堂」。

此頌是譬喻格，配六義此即體，底意是：人人本具之「矩堂」是不假雕琢自然現成的。昇此堂之閫域視之，中有世界、有萬物；五十二位之階級下，有眾生、有聲聞、有緣覺、有菩薩、有佛，皆在規矩典憲之中，咄哉！矩堂中其人雖亦在，若夫是本分之衲僧者，即「破法違條」，一超直入如來地，不依任何之五十二位階級，於立地建立本分之靈台，打破矩堂。現成本具之矩堂，作麼生是本具之規堂呢？鑿空氏曰：「將謂鬍鬚赤更有赤鬚鬍。」

化浴

勸化其諸化，求燒浴水之柴薪也。此就參照，《楞嚴經》卷五，及《碧巖集》第七十八則，十六開士浴僧之則可也。

洗到無塵垢轉多　杓頭拋下看如何
對人不是揚家醜　只要添柴助熱鍋

第一句，「洗到無塵垢轉多」之句意也。字數有限故，除下「塵垢」二字以作「到無塵垢」，此謂要略互顯法。此壞即本來清淨無垢之法身，然知見立為無明之本，欲洗滌塵垢之心即是塵垢。故《維摩經》曰：「浴此無垢之人」。第二句，本來沒有一點塵垢，卻把持了知見之杓頭故，塵垢愈增而難除，若拋下知見之杓頭，不洗塵，不洗體，向不與淨，不與垢之處去！直下看取點檢其如何，洗亦無所得、淨亦無所得、垢亦無所得，直即成謂妙觸宣明佛子住。第三句，令大眾達得這箇妙境到灑灑落落。然洗來洗去塵垢猶且不能除卻故，更欲化浴洗塵垢者即是家醜也。言淨云塵亦是家醜，「妙觸宣明成佛子住」亦復是家醜，今如斯之家醜不可向外邊發揚。「家醜」之字，《會元》十五，化城鑑禪師之章：問：「如何是和尚家風？」師曰：「不欲示人。」曰：「為什麼如此？」師曰：「基於家醜外揚」云。家醜猶如家風。吾家纔立家風早是家醜也。句格即「不是對人揚家醜」較明，但失聲調故如斯也。此謂之錯綜法。第四句，如上來所説，「化浴」者，即非披露自家之醜拙，今只添少許柴薪，將灼熱的浴鍋加一層熱度盛沸浴湯為徹底的洗其無塵垢處，求其資助可募化緣也。「助」字之字眼尤有力也。殊切實為募緣也。畢竟如何？舉雪竇之頌曰：「了事衲僧消一箇，長連床上展腳卧，夢中曾説悟圓通，香水洗來驀面唾。」

夜話

聚頭忘寐炙危檠　膽透黃連齒激冰
去劫已前來劫後　向空結網各添繩

第一句，夜話乃法友聚頭而寢都未注意到，而話在各自胸中浮沉之情，在高懸的危檠之燈火，油將盡而油皿炙得燒起來的樣子。第二句，如斯地過夜中話長，為免損消情氣而吞熊膽，其苦味好像含黃連透苦口中。熊膽之妙可醒口中之熱，當時齒如嚼了寒冰的刺激，氣味清爽了。（膽之故事付註之）：《本草綱目》熊膽苦寒無毒云云，時珍曰：退熱清心，平肝，明目去翳，殺蛔蟯蟲。黃連苦寒無毒，主治熱氣，目痛眥傷淚出明目，癒腸澼下痢腹痛，婦人陰中腫痛，久服令人不忘。唐柳公綽妻韓氏相國裴休之孫女，家法嚴約，常以苦參黃連熊膽和丸賜諸子，仲郢等夜學習，含以助勤云云。第三句，過去久遠劫之古昔已前，迄盡未來際的未之末後事無餘漏地話盡依之可想如何地過此更夜了。第四句，畢竟斯夜過更是話了什麼呢？其實盡皆妄談雜話，都沒有一事真實之語，恰似向室中添繩結網一樣，並無締結之處，皆無用之事也。假令話盡世尊一代時教五千餘卷的經文，都是向虛空裏打橛去！口舌之談唯唯止於古人之評，算隣家之寶物一樣，於我何用？說了嚴重的戒法等，若不徹見自己本具之真性亦是粗糠中打釘，如更添幾條繩子，提出文章擬縛我妄想亦成了空中之網也。無用處也。「泰山廟裡賣紙錢。」

天台清叟一和尚

無準下之尊宿，嗣法於倫斷橋。

擁葉

註：南陽忠國師曾與青銼山和尚在白崖山隱居，一夜天寒，各擁葉坐，蓋寢堂所扁。

山山黃落事如何　龍有潛淵鳥有窠
好句不隨流水去　一身寒在五更多

第一句，初冬之時處處山山之木葉已經黃落了，那麼我衲僧家之事如何是好呢？本來在樹下石上安坐是可以的，此去即不行了。空氣漸漸增加起來也。此一句中，「事如何」三字照破全篇。第二句，住於水中的龍都為潛淵的深處，寒來就潛隱深底；

住於木上的鳥都有巢，寒來就安卧其巢中；萬物皆得其處，衲僧是寒來搔蓄樹葉來擁被其居，沒有溫暖蒲團，落葉乃是重要的被布也。第三句，此句引《紅怨》之詩來一轉之。此謂名家之手段，其詩是唐僖宗時，于祐於御溝中拾一紅葉題詩云：「流水何太急，深宮終日閑。慇懃寄紅葉，好去到人間。」祐又題一葉云：「曾聞葉上題紅怨，葉上題詩寄阿誰。」置溝上流，韓夫人拾之，後祐與韓夫人成偶云云。後帝放宮人，時祐託韓泳門館，泳以韓夫人有同姓之親作嫁，祐及成禮各示所得葉，韓泣曰：「事豈偶然，莫非前定？」泳開宴曰：「今日可謝媒。」韓夫人笑曰：「一聯佳句題流水，十載幽思滿素懷，今日卻成鸞鳳友。方知紅葉是良緣」云云。今假借此詩意來翻案，昔日紅葉題詩付流水成為配偶之媒，但我不需配偶之媒，即今此好句何可投「隨流水去」，非擁此葉來親自參詳衲僧家的清冷冷地之妙境界不可。第四句，「一身寒在五更多」，此妙境界之好句非衲僧家是無法真參的。此處是通常人倚付之處也。於落葉題詩付水流成為配偶之媒而開桃夭會，夫婦溫暖琴瑟相和之妙境處，與擁落葉代被布在清冷冷地的「一身寒在五更多」而唱的妙境，以此兩案打成一片來看？石牛生石卵。

寄徑山故人

意在東兮不在西　德山臨濟眼頭低
燈前屈指龍門客　猿遶霜枝一夜啼

第一句，清叟居處在徑山之西，故思念故人寄詩時云，我身雖在西，意思是我心常在徑山的故人之處，不在今所居之西云。第二句，故人是個高德，如思德山臨濟一樣，其風彩常常垂在我之眼頭。「低」是垂之義。我於燈前屈指算看直箇罷休去的龍門客(「龍門」即徑山之機緣字也。端元之徑山入院法語有「天下龍門」之文)，今云「龍門客」者在徑山同參之客之義也。第四句，帶感慨云，現時祖庭秋晚可嘆，叢林蕭蕭乏人，歷歷的同參衲僧，如將到追追落秋葉即生悲也。更一層思徑山故人意常向東而馳的含意，深夜猿似乎不堪物淋寂寥地遶了霜葉之枝而啼，聞到此聲，今我亦自然如猿一樣，在此屈指算著同參的人，追追玉碎瓦全，霜水滴落瓦上之聲，如此嘆其叢林之寂寥秋夜，殊而依猿聲更發斷腸之念呢？

聽猿

此偈是在靈隱之冷泉亭所作云。

興發清聲遏故難　上他機境太無端
冷泉若是行人淚　巴峽應須竭底乾

第一句，我的感慨的興起是由猿之清澄的聲所發的，擬欲遏止此妄境，可是愈壓愈起，故云「難」。第二句，猶聽到其他的猿聲機境猶浮起，我的妄念之感慨無法止住。第三、四句，是平仄關係，將冷泉巴峽分上下句，此為錯綜要略互顯法，意謂，冷泉巴峽的水若是修行人的淚！應該是流盡了，以境比修行人之感慨妄念。出家修行中之遇觸機境的悲傷感慨，真是流盡眼淚，假使是巴峽冷泉水都乾了。

金華復巖已和尚

務州金華復巖已和尚嗣法於東叟仲穎禪師，穎嗣法妙峰善，善嗣法於拙庵光，復巖後住於虎丘。

夢宅

睡中莫道不惺惺　四大由來亦強名
正是賊歸空屋裏　未行一步已天明

第一句，尋常世人即以夢中事皆懵懵不知其所，不但如此我已明知懵懵惺惺是夢，故不能説只於睡中是懵懵的。第二句，此身是地水火風之四大假合，然四大彼此強名的，由來若悟了此身都不是真實物，應該此四大之物是夢之宅了。四大的名只是標示而已。第三句，甚夢宅好好宅，有亦好，其宅的六根之門有六塵之賊在覬覦著，正是此家是空屋，不但是空屋，是夢宅呢？此夢宅若不注意就有賊進來盜東西，災難就來了。此宅卻有很多的妄想品，但是元來夢中之宅，夢中之品，是沒有什麼真實物的，六賊來亦無用，況眼耳鼻舌身意之六大盜有何處可居。第四句，此賊以為有物可盜在家宅迴旋，都沒有行出外面一步。東方已白了，天明夢覺夢宅沒有了。元來是空屋，六賊有何所止歸，然六賊元來亦是夢，寄語諸道俗，以夢來證夢，夢亦夢，夢裡惺惺而知是夢，始得天明。此偈就夢宅而一轉至天明之法也。夢宅畢竟是敲門之瓦片也。

寫別

日對寒爐夜對牀　玉壺聲散話猶長
機機被被相投合　鏡闕圓兮鑿闕方

第一、二句，形容朋友道情之厚誼，日間相對坐於爐邊親切地話其學法，互相交換法益，「寒爐」者衲家之爐，本來就放不太多的炭，亦謂寒爐。爐是世態之物，雖是寒冷但衲僧胸中是沒有寒熱的。夜又對床而寒，因為寢具不足互相讓合而蓋睡。「玉壺」是水時鐘，水漏之聲日中聲物噪雜不覺入耳，但夜靜特別刺耳，其聲漸漸地移散，可是談話卻未盡也。第三句以下以虛句來承前二之實句以表反演之心，機被猶如云機應。機由此發被忽應機，由此發機由彼應，由彼發機由此應，互相機緣相投，情意密而叫道。第四句，即今離別而機緣相投合，但鏡如圓似缺，謂親密之情的齟齬也。「鑿」者元來方物鑿穿其穴亦缺即是叫我道情，圓體即寫圓形。方鑿合方形之物都是尋常事，那麼圓鑿方物固多齟齬，以此來形容其惜別心情之意也。蓋本來無相說何方圓，圓中有方，方中有圓，離中有合，合中有離，是衲僧家自由自在之活作略云。至於「機機被被相投合」之時，亦無別、亦無住、亦無離、亦無合、亦無圓、亦無方，本來無相，素自圓素自方也。此偈之餘韻以此義見之可也。

憶母

夜來憶得出家事　煩惱紛紛頓入懷
未老腕頭先乏力　愧難宗古織蒲鞋

此偈全篇以感慨而成。故「愧」字二十八字中之骨子也。第一、二句，夜間無端地憶念起，我出家辭了兩親膝下剃頭的當時情境，繼續想起種種的母親事情，對於母親身上紛紛起了煩惱常在胸懷湧出不止！抑！衲僧家要是法身清淨道心堅固，以此來濟度父母六親才成而立了誓願出家的，今起了色身愛執之情是違背初心了。一念母之追憶慚愧之至也。就此念頭起了大慚愧心，溯上愛河煩惱之流源，欲滅除其根本，蓋非勇猛精進力，誰能成就證得此事？徑山國一禪師曰：「出家即大丈夫事，非將相之所能為。」此語是崔趙公云：「弟子今欲出家得否」之答語也。崔趙公雖賢，直心未純，故國一禪師不許也。今向復巖和尚憶母的一念頭著一鞭窮其源流。是於這娘生之色身以謂如何？試問復巖，豈啻復巖而已，天下衲僧若作家之漢者，向其下一轉語來，近前來，近前來，鑿空氏亦不覺吐舌來。第三句，述其漸覺此色身之不堅實。年亦將至四十前後雖未見衰老，但這妙門都沒有用處，老早腕力就脫不堪勞，作草鞋亦無力。第四句，昔日睦州陳尊宿住於高安米山寺，以母老而歸鄉，寓居於開元寺之閑房，織草鞋養母（睦州養母之事見前雲堂之偈詳也），復巖今慕其古尊宿之風，宗學其道，但無法織草鞋養母，扨扨無志氣而無用之色身，卻被煩惱妄想來擾亂本來堅固之佛性，被生老病死之四苦追回了。非以大決心來修行，略始而全終，方會被憶母之愛著心起了煩惱，真是慚愧千萬的，復巖拈起憶母的公案來自責立起克己之大誓願也。

贈禪客

藥山下十禪客之題，請益之禪徒也。

倒𩕳一問沒來由　摎得通身白汗流
梅雨打窗聲瀝瀝　重添公案上心頭

第一句，對學者加一摎的樣子，就對此禪客的問話，直即倒𩕳其一問，假設有位問：「如何是佛法之大意？」直即反問：「甚佛法，何處有佛法，拉來看看。」又假設問：「如何是祖師西來意？」直即倒𩕳問：「何處有祖師，拉來看什麼佛法云祖師！」其物復巖會中無之。這白癡輩那有閑隙時間說這廢話，真是斷巖絕壁無腳手可施，此謂之「沒來由」。第二句「摎得」即接學者之意，摎一摎之句，語錄中很多，總是勘辨學者的問答語氣，「摎」元來是相排之義，此處即是「倒𩕳」來質問之辭，否否更真箇吾道而問來，那樣的鹽梅，説啊説啊地責之，禪客無法答覆之處，詰問而不堪苦之所，全身逼得汗流夾背云「白汗流」。佛曰病得汗出其病全損，如此地流了白汗，由之從來説佛啦、説祖啦、真啦、妄啦，這些惡智惡覺盡脱化來，妄想全癒而真觀頓時現成。第三句，可見是以不落言詮底的手段，頃間聽著梅雨時節之風雨打窗之瀝瀝落下的滴雨聲透著窗牖進來。第四句，此瀝瀝的聲聽了如何説來，如何即快説來看，重添了梅雨瀝瀝的公案，令禪客之心頭上親切地垂減去？蓋贈送古人依時而常用同樣的樣子。此偈古抄多解為「寄贈」來付註，此誤釋也，不可從，（略註取捨）已有正解可參閱之也。

覽清溪遺稿

溪藤一幅展晴窗　不哭渠亡哭不亡
讀到三行多一句　黃金色上更添黃

第一句，溪藤是紙，剡溪的地方之藤可製紙，故遺稿稱為「溪藤」，其遺稿展於晴窗之明處見之。第二句，真是言句新鮮活潑潑地也。彼清溪之形骸雖死歸黃土，其言句猶是不亡而活著，清溪之死亡是沒有什麼可思的，凡生者必滅是道理，大命難逃者也，然看了此言句似乎清溪尚在，已無交談言的人了。如何是好呢？對其不亡的言句而哭：述其哭乃惋惜其人尤甚也。用翻案法，以作哭不亡。「哭不亡」之句有力不凡也。第三句，「讀到三行多一句」者，第一、二句已頌了一篇之端的處，由是加讚辭也。讀了三行已經盡說了其宗旨了，猶四行之一句似乎是贅語，但仔細視之卻不是贅語，都像黃金之上更添了黃色的光彩一樣地，更加詳細說著，故云清溪雖亡，其言句猶活，千載發光著之意也。

柏堂森和尚

西禪柏堂祖森禪師嗣法於徑山石溪心月，石溪嗣法於掩室善開，掩室嗣法於松源崇岳，即松源下之尊宿也。

雷峰

頌號也。

平地如將鐵鼓檛　多看電影走金蛇
誰知昨夜峨眉頂　驚得象王花入牙

第一句，頌「雷」字，「如將鐵鼓檛」云，天上的雷聲轟響到地上，恰似打鳴大鐵鼓一樣，形容雷之轟聲。第二句，「多看」即到處閃渡電光其光形苑如走金蛇。此句東坡所詠之一「雨過湖平江海碧，電光時掣紫金蛇」，取其典實來頌「走金蛇」。第三句，「誰知」即疑辭的樣子，但此句完全非是疑，沒有明言之處，有廣為合蓄之意。誰人是知者，我知之，此雷峰可見是蜀人，昨夜峨眉山頂，即頌「峰」字，故提出峨眉山，然柏堂是蜀之人故與雷峰很相識，故引用峨眉山，峨眉是高山其頂上還會鳴雷呢？第四句，《涅槃經》云：「譬如虛空震雷起雲，一切象王牙上皆生花，若無雷聲震花則不生」云云。古詩有，「犀因翫月文生角，象被雷驚花入牙」。又《佛祖統紀》「《峨眉山志》有：昔蒲翁入山見普賢大士真相，自茲顯跡，宋太祖勅往峨眉山莊嚴佛像，因嘉州奏，普賢見相，太宗勅往成都鑄金銅普賢像安峨眉山白水寺」云云。依以上之典據來看，即以峨眉山其物直即普賢所騎的象，昨夜之雷驚得峨眉山的象王裂得如其牙花了。普賢之象即謂六牙象，有六牙裂著，形容之頌其「花入牙」。此象是菩薩之象非尋常之象，雷峰之修行可見已不是尋常之衲子也。

室內一盞燈

林泉老人《空谷集》，舉僧問大隨：「如何是室中燈？」隨曰：「三人證龜成鼈。」評曰：「譬如暗室之寶無燈不可見，佛法無人說雖慧莫能了。《大般若經》云：欲界定嬈亂不定，如四衢道燈，色界定嬈亂常定不動如室中燈。這僧若解定亂兩融真俗一致，自然灑灑落落了了明明，不必剜身千盞灌滿膏油剪剔昏燈祈求天眼，但肯時時不昧休愁處處皆通，耀古騰今赫赫兮光明遍照輝天鑒地，晃晃兮氣燄崢嶸，何止室中獨能煒燁，大隨以『三人證龜成鼈』之語試探這僧。看具眼不具眼，覷見那不覷見，休只管向長槃短槃上觀瞻於大盞小盞內剔撥，畢竟煌煌智炬燦燦心燈，室內街頭無可無不可，所以道休於言下覓，莫問句中求」云云。此語一本為香林之答話，未知何是。

一聲玉笛起高樓　狼藉梅花滿地休
話到壽陽宮裡事　淡煙疏雨不勝愁

此句不可以智解之，何故？本題是一則公案也。說馬說驢自有明眼在，其調最為高絕腳手無著處，看衲僧家之顛言倒語，舌捲風雷口起波瀾，或時是又青天一碧，覺海澄澄，宜就是等之偈可知其體裁，亦勿施妄斷，勿著曲智看之，其可解不可解之間，驀直而明慧光，參偈之體裁始得，畢竟直截根元之句也。彼非此，以是己我之見而解，遠其作者之意，天涯飛雲萬里。成為鑿空氏妄見一片摸象。是認非認，任讀者之高明，自不敢主張也。

第一句，「一聲玉笛」是古句，此僧向大隨霹空而起問：「如何是室內一盞燈？」以其形態而頌之謂，「一聲玉笛起高樓」，大隨已知此僧之至處，故云「三人證龜成鼈」，素來不識龜鼈的人三人共集，以龜證鼈，以自己本具之室內一盞燈向外來求：所謂外行人也。此是大隨試探此僧之趣。鼇空氏曰，試搖枝頭雪，定有夜來花。第二句，李白詩云，「黃鶴樓中吹玉笛，江城五月落梅花」之意也。承第一句而頌「狼藉梅花滿地休」，其句之生動意匠之妙非尋常凡手之想像能得到之處，併如斯之急上打毬子底的手段，劣手者似模仿即會發生如木接竹的錯誤。此二句抔明於理內，詞顯於外，句勢相承打成一團底，非有腕力之拉手即難為之處，案其句意，「梅花」者笛的曲名之由也。所以由唱了「一聲玉笛」之處，承其曲的微妙韻調來，恰似梅花狼藉地被春風所吹拂落地滿地如雪而取頌的。其本來對僧之「室內一盞燈」，大隨答以「三人證龜成鼈」，這沒有龜的地方之人不能分別龜與鼈，以相似而皆謂鼈，此箇之昭昭靈靈的大智之光亦以室中燈光看成一樣，所以被其直責，其僧忽然還元返照的形態，室內室外好像梅花狼藉落地，始休去！至於休歇的場合了。一、二之句為主為伴，頌其僧與大隨的問答成為一團。第三句，宋武帝有女曰壽陽公主，或時公主卧於含章簷下時，梅花落於公主之額上，自後有梅花粧之由也。大隨與僧之問答卻大有趣味，然共語之，將「笛聲」與「梅花」來轉化落梅曲作為壽陽公主之風流談，工夫可為名人也。其趣味者，僧與大隨之問答時明其心光之趣有恰似壽陽宮裡之美人，凝其梅花粧之清灑粧態，此處有具口難言，以繪難描之微妙趣。鼇空氏曰，不風流處亦風流。第四句，頌其壽陽宮裡美人之趣。宋玉的高唐之賦有，楚襄王宿於高唐，夢見神女曰：「妾本巫山之神，朝為行雲暮為行雨，朝朝暮暮陽臺之下」云之句，由是唐人，有「為雲為雨楚襄王」等的詩作云。由斯語調來賦美人的婀娜之趣，多假雲雨風煙顯其興象。即由「淡煙疏雨」其語氣取來。僧的「室內一盞燈」之問處，大隨參以三人證龜成鼈，恰如吹出落梅之曲時梅花狼藉散了地上之趣，由此來評見之。壽陽公主臥於含章簷下時，梅花散來點於額上之趣，有一段之風光殘在眼底，煙淡而非煙，雨細而非雨，為此「淡煙疏雨」而又添一段之春光，這些景色之壽陽公主形象殘在心中，有不堪戀情之愁呢！愁什麼？不勝其「室內一盞燈」之如何者也。「三人證龜成鼈」即拈古頌古之體裁也。鼇空氏曰，妄解畢竟歸蛇足，請具眼之漢仔細甘味之。

鰲山成道

本題在西巖之鰲山店有粗解，請參觀之。此聯偈有必要解釋之處舉之。初雪峰與巖頭至澧州鰲山鎮，阻雪，頭每日祇是打睡，峰一向坐禪，一日喚曰：「師兄師兄且起來。」頭喝云：「噇眠去，每日恰似七村裏土地。」峰自點胸云：「某甲這裡未穩在。」頭云：「若實如此據汝所見一一通來。」於是峰道與鹽官、洞山等商量所得。頭喝云：「從門入者不是家珍，須一一從自己胸流出將來與我蓋天蓋地去。」峰於言下大悟連聲叫云：「師兄，今日始是鰲山成道。」

春遊處處是繁華　幾醉還醒與未涯
一陣西風吹雨過　夕陽都在海棠花

第一句，雪峰三度登投子，九次到洞山，又他年向德山之處去修行之趣，乃處處春遊見花翫柳，賞花客等如琴之三味線一樣地極一時之繁華，當時之雪衲亦同樣地雲集各叢林，亦繁昌地提唱佛經祖錄。第二句，當在鹽官之處舉色空之義得入處，在洞山之過水偈亦有省處，在德山之處問及宗乘中分與不分，觸一棒而如脱桶底地分明有悟，是幾醉幾醒興之無限處，此幾次之醉醒就是九登三到之處也。衲僧家歷參四方，積其功始見本地風光，故頌謂「興未涯」也。第三句，至此雖在鹽官或洞山、德山之處得有少分之見處，似乎猶有不足的樣子，如在心頭有雨未晴之感了。今日於鰲山商量處，始得西風吹雨拂開一天瑠璃，全氣澄清，從前之疑團如雨過天晴明洞無塵。第四句，其晴夕景色是如何頃地成為夕陽，其夕日映於海棠花，實雨後之海棠紅尚未乾云。言之無法形容的景色了，由此境色之入手處，雪峰踴起喜叫云：「師兄，今日始鰲山成道」云。一句忍俊不禁。

三山笑堂悅和尚

《續傳燈錄》漏傳，天童環溪一禪師之法嗣有可堂悅，或云笑可之相誤非乎。

二祖

不顧危亡露一斑　立身無地始心安
陷人坑子年年滿　隻臂何時再得完

註云：王獻之年數歲覩門生樗蒲曰：「南風不競。」門生曰：「此即管中窺豹時見一斑」云云。

第一句，二祖慧可大師往初祖達磨大師處求法時，達磨在嵩山少林寺面壁置之不理，於是二祖斷截左臂擲於其前，故頌此危亡不顧，只管求法而表其赤心的一斑。第二句，二祖向達磨云：「我心未寧乞師為安。」其時達磨云：「將心來與汝安。」二祖良久云：「覓心了不可得。」達磨曰：「我與汝安心竟。」其時二祖始覺自本心，頌其處故云「立身無地始心安」。身亦擲了心亦覓不得了，至此處元來的身心共脱落，彼此共滅儘心亦無，覓我亦無，故云「了不可得」，嗚呼?「了不可得」之一句，乃是其大決心如金剛堅固有突破鋼鐵之勢，於是顯了二祖之喪身失命的大信心。然則即心安寧也。第三句，「陷人坑」是自達磨陷二祖於嵩山之雪窖以來祖祖相承，相繼年年陷落此坑令其大死底一番，這殘酷的禍坑自開説以來至盡未來際不知還要多少人被陷呢?以酷的用翻案法唱之，是則古人偈頌之體裁也。句有褒貶，置於其逆之捻揚，以其反而示其順，設其貶辭來罵到去表其反之褒，或云抑下托上法等之句法也。縫腋門之諸子唐賢以後，東坡山谷知此法，之謂死活之句法云。吾們之諸高衲之言句上皆備有此法。請諸禪德不熟此法勿謾擬以順為之。二祖立於雪窖中截臂求得法以來，禪宗之正法迄至今日數百年代祖祖輩出而流傳下來云也。第四句，為求法而斷截左臂，是無法復元的，一生是片手不具的，但此斷臂是法的標榜：蓋於身心脱落的境界上，都覺得恰似復元一樣，此為立身無地大安心之境界云。因記之，二祖斷臂求法之因緣是盡人所知的，實是不必載其傳，但為釋此偈之便略載之。

二祖聞達磨大士住止嵩山少林，乃往晨夕參承，大士常端坐莫聞訓誨，二祖自惟昔人求道敲骨取髓，刺血濟飢布髮掩泥，投崖飼虎古尚如此，我又何人，其年十二月九日夜天大雪，二祖庭中堅立不動，曉明雪過腰，大士憫而問云：「汝久立雪中當求何事。」二祖悲淚曰：「惟和尚慈悲開甘露門廣度群品。」大士曰：「諸佛無上妙道，曠劫精勤難行能行，難忍能忍豈以小德小智輕心慢心，欲冀真乘徒勞勤苦。」二祖聞此誨勵潛取利刀自斷左臂置於大士前，大士知是法器，乃曰：「諸佛最初求道為法忘形，汝今斷臂吾前求亦可在。」二祖遂因易名曰慧可。二祖曰：「諸佛法即可得聞乎？」大士曰：「諸佛法即非從人得。」二祖曰：「我心未寧乞師為安。」大士曰：「將心來與汝安。」二祖曰：「覓心了不可得。」大士曰：「我與汝安心竟。」

永明塔

永明智覺禪師之傳載於前象潭之偈，故此不贅述。

潤色宗門幾萬言　袈裟零落行猶羶
休言破鏡無重照　月在中峰夜夜圓

註：《文選》有「潤色鴻業」，又《論語》有東里產潤色之，施於文彩也。

第一句，永明著《宗鏡錄》百卷之一大文章，禪教並照潤色宗門之文彩，其文字凡幾萬言，此讚歎永明也。第二句，永明是行業純一之高僧，生涯身不離袈裟云，如斯嚴密梵行之衲僧，滅後荼毘時袈裟燒不去云，可見永明以精進波羅蜜之力，零落者一生著古舊袈裟之義，永明冰懷玲瓏之表章辭也。「行猶羶」者即潛其梵行，言零落、言行羶雖似貶辭，以抑下托上法來讚歎時，用尋常之辭句不著力故以斯翻案法來頌之。以古句考證之，《莊子》之〈徐無鬼〉篇有，蟻慕羊肉，羊肉羶，物類之感所然，蟻感羶而慕之，人是感德而慕之，猶如蟻之感羶也。又「舜有羶行百姓悅之」等語，此處之「羶」字視為香字義。古人「臭」字亦用作香字義往往有之。乃此法也。換言之：一生被著古舊破袈裟雖看來很零落，但其精進力益加堅固，雖滅後猶依然不壞，其梵行嚴密冰玲瓏今猶香云之義也。第三句，語氣自然應第一句，甚永明之顛言倒語一百卷綴出無用之物，卻破卻了吾宗鏡，添一句餘意捻置於文明以外（心解法云，則不立文字法也），直入於文裡云休言，不用舌頭言詮，咄！宗鏡是何物？畢竟是箇破鏡，如何是破鏡？畢竟宗鏡也。古句有「破鏡不重照，落花難上枝」，我《宗鏡錄》並非如此偏辭，破鏡亦好，明鏡亦好，不及於鏡臺上品評，人人箇箇之心鏡如何！即今拈出來！忽聽到街頭的童謠云？月鏡不簡都鄙而映，心鏡不隔東西而照。鑿空氏不覺打案曰：以夫婦之不省與可知，及其至處雖聖知不易。以上就破鏡來論之一波瀾也。此句平解而言，永明《宗鏡錄》乃是破卻吾宗之破鏡，但永明滅後休言破鏡不重照。第四句，「月在中峰夜夜圓」也。永明之塔是在大慈山靈隱之中峰。其中峰之月千古不滅，自當時至今日夜夜永遠明亮地圓照著。此一句頌永明之號照應全篇，可謂甚有結收力也。鑿空氏曰，此夜一輪滿，清香何處無。

聽雪

耳中消息意中觀　一片飛來一片寒
及到返聞聞自性　蕭蕭又是滿長安

註：《楞嚴經》卷六云，「大眾及阿難旋汝倒聞機，返聞聞自性，性成無上道。」

第一句，「耳中消息」則是汝的倒聞，機動之處為「意中觀」，「返聞聞自性」為學者之著眼處，抑六塵之動處、六根之受處皆是顛倒也。試問：即今聽雪之正念落在何處?第二句，「一片飛來一片寒」者，片片是雪片，片片皆寒，耳中消息如何！一片飛來意中之觀如何？一片寒得耶得耶，不得不得，學者仔細須著眼也。片片是雪片，片片是寒，所謂在凡不減在聖不增，而箇中有何異同。曰：「牛飲水成乳，蛇飲水成毒」，均是水成乳成毒，均是雪成真成妄，「一片飛來一片寒」，念念是心念念是雪，不拘耳中意中，此句好徹底參詳。相續分明亦太難。第三句，返彼之耳中消息之顛倒機，入於「意中觀」及至聞了正聞之自性時異念就沒有了。第四句，「蕭蕭又是滿長安」者，盡大地皆雪滿乾坤銀世界了。「蕭蕭」即降雪之聲，乃述其聽雪之趣，頭上漫漫腳下漫漫，眼耳所及為限皆是雪也。至此即法法本來法，心心無別心之境界也。片片本來雪片片本來寒，此謂八面玲瓏云，庶幾衲僧之見地須至此三昧。

鑿空氏曰：此偈雖是〈聽雪〉之上乘，較前之虛堂和尚〈聽雪〉偈猶在絃指之中也。虛堂是絃外絕調也。雖同依《楞嚴》的命意之處，其句法之雄渾不可相伯仲。蓋詩則由道生，道有鍛鍊之妙處，雖到其至處，鍛鍊之功深淺於詞端上自顯，語有輕重，聲有鄭雅以詩偈，有志者宜熟吟之以知其優劣之處可也。付虛堂〈聽雪〉句：「寒夜無風竹有聲，疏疏密密透松櫺，耳聞不似心聞好，歇卻燈前半卷經。」

聽松

蓋齋名云。

胡牀兀坐道何高　歷歷風從樹尾過
端的聞聲曾悟去　那株根下茯苓多

第一句，「胡牀」是韻府，隋云交牀，唐之穆宗改為繩牀云。即繩床也，於其上兀坐，「兀坐」是不動之貌，於繩牀上坐禪不動之趣其道何等高尚了。第二句，其胡牀的踞處即是老松之下，（「歷歷」即風聲）歷歷地風由松樹梢吹過來，足見聽松齋主人之風豐。第三句，這裡品評聽松齋主人之修道端的，(正訓云) 正聞其當境松聲曾徹根悟去，悟什麼，悟其歷歷是松聲也。第四句，《神仙傳》有云，松柏之脂入地千年化為茯苓，那麼已經悟松聲了，看看那箇株的根下有更多的茯苓呢?鼇空氏曰:已經悟了歷歷的松聲就足夠了，何須更疑那箇松樹有無茯苓去尋覓呢?咄咄!笑堂老、笑堂老!由門入者非家珍，用耳底來歷歷分明看松聲，用眼裏來聞松聲，任地茯苓在那株松下乎。

受無準嗣法。

西蜀晦谷光和尚

贈鐘樓匠人

大匠曾無可棄材　胸中自有一樓臺
是誰敲動黃昏月　不覺和聲送出來

（典據）韓退之《送張道士》詩云，「大匠無棄材，尋尺各有施」云云。第一句，「大匠」者上等的工匠也，工匠若是上等的棟樑都沒有「棄材」，大木用以大處，小木用以小處，木本來自頭至枝都沒有不用之所。善知識亦名宗匠，隨學者之根機而接得，即如大匠用木一樣。第二句，工匠其胸中自有規矩準繩地作樓臺，圖案什麼時候都疊在胸中，故似作鐘樓即以木材而忽作出鐘樓來，胸中常有無形的鐘樓在，故以之露出有形的造作是沒有什麼的。第三句，如斯名匠所作之鐘樓，落成與否，隨即懸鐘撞看，哇啊鐘樓成功了。衲僧亦如鐘樓，就明眼的大匠修行將成功的時，上堂登於須彌壇上下一鈞語來勘辨學者看，看看出什麼音，那麼誰去敲此鐘看呢？黃昏之月是名語也。於黃昏時新月將出這時候撞鐘即氣象不同凡響，故頌出：「誰敲動黃昏月」，下了「月」一字得添無限之興象。此謂之名手，總之詩偈是一字都難推敲的。第四句，聞得黃昏的鐘聲，人人箇箇的鐘亦鳴了，其鐘與新築的鐘樓敲動之鐘、鐘聲和而送出鐘樓之評判來，衲僧亦相同，依上堂法語和之與學者問答作略，始知是作家。此上於大小宗匠之法嗣而已，其機辯捷出實是轉轆轆地也。如斯和其問答之聲，送出其作略妙處來。蓋鐘聲是無心之說法也。「黃昏月」即如如之理性也。胸中樓臺是明眼宗匠之辨道作略也。「敲動」者學者之問答也。鐘來鳴之處本來如然之理體，清淨法身毘盧舍那佛也；樓閣已成圓滿報身盧舍那佛也；敲動發聲即應身釋迦牟尼佛也。三身一佛而自性本來空也，以自性撞著自性，自性發聲自性聞之，聞之不覺徹見自性之自性，「和聲送出」自性，不知是何聲呢？試問學者？

政黃牛

惟政禪師字渙然，錢塘人，幼孤為卓識，詞語皆出人意表。蔣侍郎當出守杭州，與師為方外友，每來謁必軍持（淨瓶）掛牛角，市人爭觀師自若也，至郡庭下犢而談笑終日去。一日郡有賓客至，蔣公留師曰：「明日府有燕飲能為我少留？」師諾之，明日使人要之，師留一偈而去，曰：「昨日曾將今日期，出門倚杖又思惟，為僧只合居巖谷，國士筵中甚不宜。」坐客皆仰其標致。

只知牛瘦角不瘦　不覺心高句亦高
行到六橋煙雨外　綠蒲鬣鬣盡風騷

政黃牛《山中偈》曾云，「橋上山萬層，橋下水千里，唯有白鷺鷥，見我常來此。」「六橋」在西湖。「風騷」者《詩經》之《國風》、《楚辭》之《離騷》等云。《小窗清紀》曰，「蘇堤之春曉堤是坡公之舊築也。跨湖十里六橋架其上，香艷惹人多在二月」云云。第一句，牛常騎而食。食物不足而瘦，但生「角」食物不足亦不瘦。政公身貧如牛瘦，但生道固不貧。叢林稱頭角的衲僧，云生道力強骨。政公寄蔣侍郎之偈云：「為僧只合居巖谷，國土筵中甚不宜」，而拒絕之趣，可見其道之剛強。頃日好事之漢，喜禪話而來曰：「政黃牛其量甚陝隘也。」蔣侍郎若來與汝談禪話法消遣那就好了，但他不來汝亦不必生氣啦！余曰：「那亦好！」咄，箇的癡頑漢，自己的顛倒見之凝結物於六根門頭出入，偏追順境，將古人之操履亦拉入其順境中，憫笑不堪之至，余之那亦好，將其順境之水從頭灌下亦不覺，愈得意地順風揚帆暢談己說，此謂之汗漫禪云。如政公以其山中清修，不隨蔣侍郎之順境所招而樂，故云「國土筵中甚不宜」而婉切之，可見其克己復禮之道力堅固。坐客皆仰其標致，此為不言之說法，於是牛雖瘦可知角不瘦也。政公身雖貧道不貧也。第二句，政公其心高尚而其頌出言句亦高尚都自不覺，若知之更裁高尚句，即露見斧鑿之痕不堪了。政公之句是不知不覺中吐出之言句，如彼之《山中偈》，「橋上山萬層，橋下水千里」，這乃何人都可以言出的，不敢認為名句之感，而自不感其韻致之高，又是自其胸襟流出之句也。此謂咳唾皆珠珹云。第三句，就政公之平素往來愛好其風景來下讚評的，「六橋」即架在西湖十里之蘇堤，堤上植有柳樹，旗風春雨如煙景色無限好。晦谷和尚今日來此處，想起昔日政公。第四句，生在湖中的綠蒲被風吹得戟起鬣鬣，其聲宛如誦了《國風》或《離騷》的古雅之詩韻一樣，那麼政公之偈的高韻絕調，是否以此風光來鍛鍊鑄成？三、四句是立自政公之地位來思遣其風采也。

讀捷書

捷書是報戰勝之奏書，看人之道的機緣語句以比「讀捷書」也。然此題非偶然所設，今鑿空氏以時案之，晦谷是無準下之尊宿，南宋之人，此捷書恐是端宗之景炎二年之事。是歲三月，文天祥復梅州出江西遂復會昌縣，張日中、趙時賞，兵皆會之，張世傑復潮州。六月文天祥敗元人于雩都，次於興國縣，七月文天祥使趙時賞、張日中等帥師復吉、贛諸縣，遂圍贛州。張世傑會師討蒲壽庚於泉州，傳檄諸路，遂復邵武軍。蓋是此時之感設題？

閫外安危策已成　全鋒不戰屈人兵

歸來兩眼空寰宇　一曲琵琶奏月明

第一句，有「寰中天子勅，塞外將軍令」的古語。溥率之萬機雖在天子，塞外之大權卻一任將軍，故築壇拜大將的古例。「閫外」即塞外也，《通鑑•漢文帝記》云，「憑唐曰：『上古王者遣將也。』跪而推轂曰：『閫以內者寡人制之，閫以外者將軍制之』」云云。「閫」是門中之橛，即內事與外事之義也。頌其此次之大勝利之捷書讀了以後，已知塞外之事策略已成，猶此上百戰百勝之機已熟，當此時以宋之敗殘餘力，奉益王昰就位為之端宗，雖在福州即位帝居不定。景炎二年文天祥陳讚張日中、趙時賞、張世傑之諸忠臣，復諸州縣，得其捷報，宋之臣民者以一時之安堵，此偈是由此而成亦不定，百戰百勝之機熟非真，庸相陳宜中之輩不知閫外之機，宋運既屬衰滅，無可奈何。然此偈是得到捷書時之偈，故頌「策已成」云。第二句，所以頌其此勢即不用刀槍流血，以策略勝算之勢即能屈從敵兵者也。雖宋軍忽而敗潰，但其臣民者聽到捷報可見其喜情了。以上二句是衲僧修行中為打勝煩惱妄想，以正念純一去坐禪以真妄相戰，終於接了真諦之捷報，以後已不必戰了。煩惱妄想屈從了，自由地聽我心王之命令的意思！此為有功用之句法，古人隨我境界而述不拘一句一偈，乘時事非弄閑文字也。第三句，勝利後歸來朝廷奏凱旋，其時如眼中無人也，其威英名轟動天下，功績冠絕宇宙。第四句，以上是中興的功臣，於麒麟閣上宣肖像，位極人臣，朝夕美人，左右侍從，於明月之夜愉快地彈奏琵琶，而樂太平云。此二句，是就捷書的想像之句，宋運已傾。景炎雖一時接捷報，忽即被取回不能安天子於其上，至海上御舟避敵，然宋之臣民接了捷報之喜，此時之想像可思之。

蓋第三、四句，於衲僧家而言，即是無功用之境界，已打勝八萬四千煩惱之大敵，以後即逍遙於水邊林下，樂其天真的風流，閑寂而不復混在風塵了。

敘南寂庵相和尚

寂庵妙相嗣法於偃溪，住連雲寺，大慧下也。

聽蛙

雨餘荒沼綠痕新　兩部喝喝徹曉鳴
枕上因思張學士　耳根輸我不聰明

第一句，拈提明於時處，「雨餘」即時也，頃入梅雨時分雨時之餘。「荒沼」即處所，荒草亂生之沼畔。綠色新見涯畔，此謂時成就、處成就之法，就是蛙鳴之時處也。第二句，聞成就也。「兩部」者，堂上是坐部，堂下是立部。琴瑟琵琶之學即堂上坐部奏之樂也，鐘鼓笛等即堂下立部所奏之樂也。此有典據，孔德璋，會稽山陰人。齊明帝時為南郡太守，門庭之內草萊不剪，中有蛙鳴，或問之曰：「欲為陳蕃乎？」德璋曰：「以此堂兩部鼓吹何必效蕃」云云。陳蕃是豫章之太守，持以設揚待徐儒，又待高士周璆，門庭荒蕪不剪不掃，其父之友薛勤的人來曰：「孺子何不灑掃以待賓客？」蕃曰：「大丈夫處世當掃除天下，安只一室事。」今者孔德章云意，如陳蕃志以掃除天下，庭前之少許之草何必顧慮云，非傚其議論事也。只是養蛙於草中聞其如鼓吹聲而樂之義也。此句意亦然，只上下「兩部喎喎」而鳴，其聲通夜至曉鳴之不止之意也。第三句，侍郎無垢居士張九成，見寶印楚明禪師於淨慈，請問入道之要。明曰：「此事唯念念不捨久久純熟，時節到來自然證入。」復舉趙州柏樹子話時時提撕。公久之無省辭謁善權清禪師，公問：「此事人人有分箇箇圓成。是否？」清曰：「然。」公曰：「為甚麼某無某入處？」清於袖中出數珠示之曰：「此是誰底？」公俯仰無對。清復袖之曰：「是汝底，則拈取去。纔涉思惟，即不是汝底。」公悚然。未幾，留蘇氏館，一夕如厠，以柏樹子話究之，聞蛙聲釋然契入，有偈，「春天月夜一聲蛙，撞破乾坤共一家，正恁麼時誰會得，嶺頭腳痛有玄沙。」此句意乃宵間達曉，在高枕打寢中聞了蛙聲，因之想起張九成之聞蛙聲開悟的事。第四句，張學士聞蛙聲得悟，為是彼之耳根聰明耶。咄咄，張學士若果借耳根聰明的手段而悟乃是胡亂—何故用尻穴聞蛙聲不悟?寂庵耳鈍，不聞蛙聲，不聰明也，何用耳根之聰明，這聾寂庵，至於耳根圓通一著而言，張學士之聰明懸是輸的，張學士之耳根聰明還是猶在有功用之中耳。寂庵之不聽明已達無功用之地了。此之謂耳根圓通。因記云：此偈在前所載之末宗禪師〈聽蛙〉，以其體裁大異之處，而誰都有妙處無優劣，末宗是無準派，寂庵是大慧派，家家自有其風采，末宗很警妙能興象映寫，張九成不露，讚嘆其投機以蛙聲評唱之。寂庵第二句起已露典實，第三、四句愈頌至議論底是其家風有如是處可知也。

籃裡魚

此題諸集多附會為「魚籃觀音」，鑿空即不然，依其所見談也。

鬧裏和籃掇向人　　腥風來自海門濱
時人知貴不知價　　換水忙忙養錦鱗

第一句，鬧市裡也，市中之往來輻輳忙碌之處也。其處有人持籃帶魚向人叫賣也。第二句，此魚只今從海的港口捕獲取來者，還是活之鱍鱍的，腥氣是魚氣或云海氣也。第三句，其當時的人只知此魚新鮮甚美，卻不知值好多錢，大概甚貴吧？

第四句，更換新水令魚不死而待購買客，人之手段也。此偈是寂庵和尚經過魚市所見，自入魚賈之境界所作的樣子。鑿空氏打閑妄想曰：舊註多以為魚籃觀音者牽強附會也。然雖非魚籃觀音，亦未必強斷及其非，任解偈人之識定可也，只不可以定為觀音語之。蓋第一句是述生賣魚三昧，其三昧中之真趣如何，以觀音之方便力見之者斯如斯見之，魚河岸之魚賈見之者即如斯見之。無論如何入於賣魚三昧的境界，自身是魚，魚是自身打成一片，掇向人前當體也。第二句就此「和籃掇向」之本則，而下著語為「腥風來自海門濱」，如果是菩薩即可說是由補陀洛山之海邊吹來的度生悲願之風。嗚呼？什麼觀音的笑話，臭魚味連嗅都不敢。如果是凡夫根本無明由海裡吹來的風呢？其驀直都是漁夫的意氣處，什麼觀音方便力啦、悲願廣大啦，不必著色，漁夫啦，買不買，我是待價者也。此著語大有力不妨實頭。第三句，美人賣魚可以看到，但不知觀音化現，什麼胡亂美人，一見魚在籃中活活鱍鱍地躍著，垂涎三尺雖知其貴，但小根機的貧窮人是無法出手的，問什麼價呢？南無阿彌陀佛，知其貴不知其價。「六月買松風，人間恐無價」，抑夫誰買得。第四句，觀音下凡說法三十二身，忙忙以方便力，轉悲願廣大輪，盡行度生，可惜許，休去也休去好了，連觀音都看亦不看的寂庵已賣損了。放下此生溫水，當作錦魚屋了，看看寂庵之活潑潑地境界，如擊石火似閃電光。咄！讀者莫認鑿空之閑妄想為此偈之正義，更有一語曰：「三級浪高魚化龍，癡人猶汲野塘水。」

演史

知是如《史記》等就於附與曲調而演者也，如扶邦的《平家物語》之類也。

紛紛平地起戈鋋　今古山河共一天
莫謂是誰功業大　恐妨林下野人眠

第一句，時當太平而紛紛起戈鋋，演這些忌諱的曲語是沒有趣味的。第二句，天地開闢以來至於今日山河大地都不變，何處不是山河大地？何處不是天象日月，古往今來皆棲息於一天之下。扶邦貴以開闢以來一天一治，皇統連綿怒怒乎金甌不缺之團體。但中國誰都知道是一箇革命的國家，時而皇運衰，政治民意有違即英雄豪傑輩出，攻落其國都終為己有，謂之得天命云。三皇五帝之時代亦難免此厄，堯舜雖能讓禪，禹湯文武以下盡免殺弑奪，畢竟由我見之增長處起，乘勢弑君奪國。

孔子作《春秋》以明君臣大義，雖疾五霸之專橫，空其有教而無其實行，十年之後猶見如今日也。若果拔取根本的我見，就成「古今山河共一天」也。神聖不可犯之處我見是不及的，請諸君於神聖不可犯之處各自於肺肝置銘之，自己本具之真性是具備有神聖不可犯之精靈在，此精靈是人類同胞之同一體，無我無彼，均體此精靈於尊嚴之，不挾些子塵毛之私者，即是大日如來之真佛子云也。「今古山河共一天」，請來參此一句看看？何須「紛紛平地起戈鋋」呢？何可涉及妄念妄想耶。第三句，莫批評代代歷朝誰某其功業為大，何某是真正聖天子。凡除堯舜外，皆以一己之私見而立功業，以天下一家為私有物而已，雖為文武之聖亦未免有此之嘲，謂何者？其精靈所寓之處，唯具子孫而已，故年代不能傳到悠久，至其子孫奕葉交代，靈精愈微，終於臣下英雄起，問鼎於主家之輕重至於抑其肇始以取我見，以我愛而傳者，及時記了大我見之豪傑，打勝其子孫之我見我愛，一戰之下至於奪其國，奪國移君者為功業大。聖人大盜也。天下是禍亂之根本不無理由也。第四句，咄咄怪事，演上述之史而無我無心耕耘田圃，樂於樵漁，共野人聞興廢之理，莫驚妨其安眠，安於無我無心之天性，善守其分者良民也。演之政治得失治亂興廢之跡，令人聽聞乃失其分喪其真智，增長我見惡智惡覺者也。請看今日守先祖傳來之業，安分守己者家門昌盛也。反之被他人之教唆所驅犯了政治熱，奔走於政憲的農村漢，都使其產業家屋蕩盡，變成貧寒到處流浪，畢竟都被他人注入我見，不守本分為因者也。「恐妨林下野人眠」此言盡之。鑿空氏曰：何啻世事而已，佛事亦然，以為何宗何派何論，以佛說之一端互為增長宗派之我見，各自起了我見之才，甚者昔稱宗論以之怨於武事，至於干戈相爭，咄哉，箇癡頑漢，與佛祖相隔天涯萬里。我世尊之遺教何事爭鬪，不但「今古山河共一天」，應以三世透通之慧眼去窮過去久遠劫盡未來際，提起眾生之根本無明，說示六道之業輪，以人人箇箇忍辱精進而守其分，修其善事，何事可爭鬪耶。抑涉大小乘之教論，提起異見異義，互相增長勝心我見者稱謂婆羅門聚會，為之佛學外道云。故禪宗初祖達磨大師於西域破六宗外道即此事也。請我諸禪德，又更將以禪的我見注入在俗之居士輩而誹謗他宗，排斥非其師流之宗師，養其我智我慢者，即「恐妨林下野人眠」，而是寂庵之罪人也。不止特別是寂庵，抑亦遞代佛祖之罪人也。鑿空氏有一語曰：文叔已為天子貴，子陵猶作故人看。

聽琴

妙音妙指發全功　絕嶽蒼髯樹樹風
一曲未終天似洗　希聲聞在不聞中

此偈與前偃溪廣聞禪師之〈送琴僧〉偈的句調甚相似。尤是寂庵乃偃溪門下，故亦必然呢。第一句，是《楞嚴經》云，「譬如琴瑟箜篌雖有妙音，若無妙指終不能發」云云，取此典實，有妙音妙指才能發揮琴之名人的全功，「全功」之字已踏偃溪之偈的第一句韻腳。又寂庵其顰傚者，古人容之，若今人即鑿空氏云刪去，踏襲箇樣之文字免不甚拙。第二句，絕壁巖上所度之樹樹松風乃是天籟勝於人為之曲調的自然所發之幽韻，今聞妙音妙指即如此天籟也。故云「發全功」，是古人之力也。「蒼髯」者松也。第三句，歎美其妙音妙指而一曲未終時，我胸中之雲霧已經清越晴朗，恰似松風吹拂雲霧感覺碧天玲瓏似洗。第四句，至其終曲之妙韻，《孝經》云大音如希聲，妙音妙指之全功而非聲聞之所及，是大乘妙典之玄韻，有耳根之沙汰所不及的不聞之聲，其聲是如何之聲呢？「獨掌不浪鳴。」

送人之廬山

此題人之廬山送之，案「之」的字看做歸，始合此偈意。

錯來行腳渠因我　悟後還家我累渠
溢浦水明霜夜月　擔頭不帶別人書

第一句，洞山《過水頌》曰：渠今正是我，我今非是渠。其意是昔年欲明渠故，以渠為他物而究明之，愈明見某渠。渠今正是我也。我與渠非他物，故我今非是渠，此偈亦此意。元來證之不可證，悟之不可悟，然向他欲得悟，「錯來行腳」，我因參禪以得渠。第二句，愈悟而見之不是人事，我事我自悟也。曾認渠者一旦歸家穩坐成為主人公，我寂庵卻是渠，僧之歸家穩坐底之境界不累，此是送行之句法，渠我寂庵與僧雖有字面，但依真理看來，我即自性也，「渠」即自心也，錯來以為自心而徹見自性地參禪，悟後心性成一如以上，性成為主人公，受用心，故主人公受用渠心也。此第三句可仔細穿鑿，「將謂鬍鬚赤更有赤鬚鬍」。第三句，愈歸家穩坐之境界開始了，若是要歸廬山，廬山是在江洲九江都，其九江之溢浦之處有船，卻是好景色之處，霜夜晴澄的水上映著月兒，水天玲瓏如開了明鏡臺，此境界如何？暗中之明，明中之暗，水元來屬暗，月元來屬明，目落波心明暗雙亡，渠我共無打成一也，這裡有消息，偏中正，正中偏。鑿空氏曰：至此立甚正偏，我們此之謂照用同時云。第四句，「擔頭不帶別人書」者典實也。雪竇顯禪師，游江南曾會居士寄書於靈隱珊禪師，雪竇到靈隱不肯寄書。後三年會居士出知杭州，到靈隱訪珊公，兼問書之事。珊公云：「不見有書。」時一千五百眾，居士物色其眾中遂得雪竇，居士問以其不寄書，雪竇曰：「行腳人不督郵。」自袖中出書還之共大笑。蓋此典據取之，作起句之「行腳」之字相應照，謂此以「擔頭不帶別人書」頌之者，蓋其意是自受用底之境界，謂袈裟文庫中沒有帶著祖錄及佛經，餘無任何長物了。亦無修行底之一句，沒有像雪竇那樣被人託信的事情，真是殺風景之漢，如何是「我累渠」一句，偏正未曾離本位，無生豈涉語因緣。

悅堂訔和尚

靈隱祖闇，嗣法於介石明，六惠下之尊宿也。

松下枯髏

草裏枯髏夢裏身　識情歷盡見全真
北邙寒食山前路　那樹松花不帶春

古詩云，「可憐無定河邊骨，猶是春閨夢裏人。」第一句，「草裏枯髏」即是「春閨夢裏人」，猶是故山家人在夢裏的人也。去戰爭後，家人還在夢中看見他猶在玉門關外被風雪所曬，但其本人已經在無定河邊變成髑髏的意思也。是皮相之看也，是箇枯骨畢竟幻化「夢裏身」也，四大分離即現此真相，比翼連理之識情之春閨一夢頓醒覺，始見至枯髏之全真，雖在皮體上抑分男女之相，既如此脱卻此皮體，何辨男女之相，然不異瓦礫乎。故云「識情歷盡見全真」，何不可與瓦礫同視。昔有僧問香嚴和尚：「如何是道？」香嚴云：「枯木裏龍吟。」又問：「如何是道中人？」香嚴云：「髑髏裏眼睛。」其僧後問石霜和尚：「如何是枯木裏龍吟？」霜云：「猶帶喜在。」「如何是髑髏裏眼睛？」霜云：「猶帶識在。」僧問曹山，山以偈頌云：「枯木龍吟真是道，髑髏識盡眼始明。喜識盡時消息盡，當人那辨濁中清。」看！云善云惡，猶枯木裏之龍吟也。見美見醜猶髑髏裏之眼睛也，箇中何有喜識可所見，若為喜識之見，是即早已落累業之窩窟，識情之憂喜愛憎若歷盡了，始為心佛眾生是三無差別也。具此眼目者乃真之差別諦觀者也。於是乎見全真。鑿空氏打案吟曰：王遜遊不返，春草生青青。第三、第四即頌全真之當位。「北邙」者墳墓之地也。《洛城記》：北邙山是連亘四百餘里，在九原之地東洛。「寒食」者自冬至起一百零五日，是日為寒食云。此日是二月之末頃，時有疾風暴雨起。昔晉之文公其臣介子推，求隱綿上之山中不能得，遂燒其山期子推逃出，子推不出燒死山中，後人悲之其日忌焚火，故云寒食云。後來中國之習俗以寒食之日，家家祭祖掃墳墓，設種種供具，恰如東扶之彼岸盂祭云。此句即頌境與風俗，北邙山前寒食之日見到拜掃墳墓之趣。「那樹松花不帶春」，盡在墳墓之處植著松花皆莊嚴了春之景色，蓋為萬世莊嚴祖先父母之墳墓之地所種植之松樹即一色千歲翠綠不變，此所見其所植者皆識情之用也。

千歲歷盡而翠綠不變者已靈之全真也，假境來詮釋第二句之意也。請詳參古人之句法可也。

送維那之西湖

《寄歸傳》云，維那梵漢兼語也。維綱也，漢言也；那梵語，具羯磨陀那也。除去上三字為維那，此譯悅眾，又翻為次第。

爆桶聲中識路頭　生緣端的是饒州
西湖看作他鄉境　楊柳絲絲暗結愁

註：雲峰悅禪師初參大愚芝，芝示眾云：「大家相聚喫莖齏，若喚作一莖齏，入地獄如箭射。」峰奇之求參堂，後請方丈請蓋，芝曰：「佛法不怕爛卻，我忍寒不暇，何暇為汝說佛法，且去化炭。」師如命及歸請蓋，芝曰：「佛法不怕爛卻，我忍饑不暇，何暇為汝說佛法，更去持鉢化來。」師如命及歸請蓋，芝曰：「佛法不怕爛

郤，堂司闕人，為我充維那去。」忽一日於僧堂後架，見桶箍爆有省，急走方丈，芝迎笑曰：「維那且喜大事了畢。」

第一句，為送維那就引雲峰之機緣，頌其一線路之通處，「爆桶」者桶箍斷掉破壞也，由此破壞之聲中始徹見大道也，故謂「識路頭」。昔雲峰為維那時的事情，今悅堂送維那時用其機緣語。第二句，已經識知西湖之路頭以上，西湖即明達之，但行人之腳下竟如何耶，曰生處是饒州也。只輕指生緣之處來置第二句。第三句，饒州已是生緣之處，勿以西湖為他鄉，饒州在江西，西湖在杭州，固然是他鄉，雖然如是，維那已在爆桶聲中，箍爆了自己之四大假合，真正認識了路頭以上，三界總是家鄉，何有西湖、饒州之異觀，若作異觀！第四句，西湖乃蘇提柳浪的柳之名所為多，維那若一念看為異鄉，即其名所之柳皆為異鄉而愁了。抑衲僧家者四海皆兄弟也，三界為家為四生之依情云。饒州即西湖，西湖即饒州，以合異為同，離同現異，此為轉轆轆地之自在神通，「楊柳絲絲暗結愁」，亦一段之春興也，會萬物為自己，至見此始觀到本地之風光。

玄上人入浙

玄玄玄處亦須呵　全體通身可奈何
只箇己靈猶不重　吳山越水路頭多

註：同安察《十玄談》云：「了了了時無可了，玄玄玄處亦須呵」。第一句，題有「玄上人」，故詮「玄」字來設句。雖已是名謂玄，又古人云，玄之玄又玄，為眾妙之門，但依衲僧之眼看來，無可謂玄之玄，若滯於玄是即早已差過了。《十玄談•一色》之頌曰：「枯木巖前差路多，行人到此盡蹉跎，鷺鷥立雪非同色，明月蘆花不似他，了了了時無可了，玄玄玄處亦須呵，慇懃為唱玄中曲，空裡蟾華撮得麼」，體此意釋之可也。空裡之月華雖明皎皎而美，要撮得之方法乎？玄中之玄雖是玄妙，何處可留其玄之玄處呢！若有玄之玄處已是不去了，宛如猿猴之捉水中月，流水雖然滾滾地行流，月是依然浮在水上，猿猴欲捉之當無觸手者，而月依然浮於水面不移，玄何可以人智之玄所知之處耶，知無可知之處始可呵責得玄之處。鼇空氏曰：「汲水疑山動，揚帆覺岸行。」第二句，已呵責勿住玄中之玄，那麼玄上人全體通身

奈何！玄而非玄，非玄抑何？第三句，從上之玄是名相之玄也，就名相之玄置定玄之玄即無法見到本來主人公了。玄上人「只箇己靈」是如何？「只箇己靈」乃玄之主人公也。「猶不重」之即迷於參玄之跡。第四句，往浙之路頭吳山越水都是好景色之處，己靈不重即「枯木巖前差路多，行人到此盡蹉跎」，到底無法到目的處，踏迷了玄中一色之路頭，亦不能入佛界，擔板漢行從何處，「蝴蝶夢中家萬里，子規枝上月三更。」

江西淨藏主

註云無塵淨嗣浙翁，《續傳燈》浙翁下不載之，徑山少林菘禪師法嗣，無塵淨禪師有之，無傳。

東海

明如十日無遺照　細入塵毛未易窮
向道西來無此意　搏空金翅取獰龍

註：《淮南子》云，堯時十日並出，草木焦枯，堯命羿射日，其九烏皆死云云。

第一句，頌「東」即以日興，日出東方，只有一箇太陽世界就够明了，況乎出十箇太陽，可能無遺地大明了。第二句德山云，「一毛吞海，海性無虧。」又經云，「毛吞巨海，芥納須彌」等語，此句頌「海」字，海有容細大不漏之義，舉細兼大之法句也。海水之微細，洽入塵毛無能至，未能窮其源，「未易窮」之三字兼大之辭也。蓋一一之塵毛浸於海水，一一皆海水也。故云塵塵刹海云，展之則彌綸法界，收之則絲髮不立，云法句也。第三句，僧問鹽官：「如何是祖師西來意？」官云：「西來無意。」舉此則來向道西來無意，與東字對照抬起西無之句，作者之機智也。以西來無祖意而奪去，令見其力量者。第四句，梵語迦樓羅，漢譯云「金翅」，此鳥翅翮金色兩翅展之搏空，擊海相去三百三十六萬里，以龍為食，此句乃西來無意之機用也。恰似金翅鳥捉龍食之勢，金翅鳥王入海捉龍，故此句頌「海」字。鼇空氏曰：東嶽紅日高昇，照徹大海波心，教海塵沙之文字，雖未窮盡其數，以西來無意之一句來乾枯學海，好像金翅鳥王激浪去一攫龍宮海藏，以不立文字教外別傳，如復不見教海之謂何者也。

歸閩

送僧歸閩也。

臨別含暉一揖時　飛來端與徑雲齊
更言歸路三千里　好採烏藤汝自攜

含暉亭在徑山，東坡遊徑山詩曰：「含暉亭上望東溟」云云。第一句，臨其別離相揖告別之時云。第二句，「飛來」即飛鳶嶺之誤云，因為飛鳶嶺是入閩之路，飛來峰是在浙西杭州。《大明名勝誌》云，飛鳶嶺在建勝府新城縣東七十里。謝康樂詩云，「朝宿悲猿嶠」，即此處也。「悲猿」、「飛鳶」訛音也。其實一山也，此句即在含暉亭相揖之意，會得此機即飛鳶嶺與徑山異而同也。萬里一條鐵，有什麼別之處。第三句，前說飛鳶與徑山是同，更言什麼送別，若言歸閩之路有三千里，那麼飛鳶與徑山是同而又異也，抑衲僧子是三界皆家鄉也，何有杭州與福州之差別乎。理合即三界一道場也；理離即更言歸路三千里了。其活機離合自在也。第四句，好了得攜烏藤杖，汝自己歸閩之故鄉可也。此偈無差別轉為差別，奪先二句與後二句，復為送別一體可也。因記之，案地理書，飛來峰在杭州城西，靈隱之一峰；飛鳶嶺是在福州。飛來峰西域之僧惠理指曰：「吾國靈鷲小峰也。」何時飛來至此，人未信之，惠理曰：「彼山有白猿，可呼而驗之。」因之試呼其猿，猿為之出，故云名飛來峰，峰下有呼猿洞云。飛鳶嶺是在福建之新城縣，謝康樂詩有「朝宿悲猿嶠」之句，悲猿即飛鳶也，杭、福雖地隣境，南北方有異，又峰與嶺固然不同，蓋此偈舊本為飛鳶，後人誤作為飛來者，殊因猿之典據相似也。

天童侍者

天童在慶元府東六十里，有寺曰太白寺。

三喚砒霜藏石蜜　三應笑面露愁腸
不因入草相交輥　爭得幽花度水香

南陽之忠國師一日喚侍者，侍者應諾，如是三喚，侍者三應。師云：「將謂吾辜負汝，卻是汝辜負吾。」侍者耽源也。砒霜是毒藥也。第一句，題云「天童侍者」，取出侍者之機緣，認為舉起國師三喚之則者。「三喚砒霜」是評其國師呼喚侍者的手段之惡辣，此呼侍者三度有如何惡辣？此非筆頭所能詮得之處，其惡辣之處能咬出其味來看。石蜜是無法言諭之真好妙味，此石蜜乃由蜂採取花蕊中精來，以崖石之間作巢而釀造蓄置之蜜，甘味至極之善者也。此三喚砒霜中毒，瞑眩之處，吐盡從來之惡知惡覺，其處才覺有如石蜜之妙味。天童侍者依此三喚聞到什麼？第二句，耽源三度應諾，其應諾之處，國師云：「將謂吾辜負汝，卻是汝辜負吾。」是否覺知石蜜之味?雖以笑面迎之，但此笑面中露來愁腸。天童侍者如何?耽源之「三應笑面」是否露出愁腸?鑿空氏曰:「不是一番寒徹骨，爭得梅花撲鼻香。」第三句，國師之三喚方便甚落草也，此「入草」辛勞而度耽源，耽源始將從來之惡知惡覺除卻得心胸玲瓏。「相交輥」者在草中輾回之義也。「三喚」、「三應」、「相交輥」，耽源心花始發明。第四句，天童有度香橋，故因之勝地興之。迷耽源心花發現之趣，以勘辨天童侍者，抑此一偈國師之三喚也。天童侍者度來幽花之水是否現了香境界，東坡度香橋之詩云，「波面看青草，幽花度水香。」王安石之詩云，「溪深樹密無人處，唯有幽花度水香。」

自然恭和尚

傳不明。

鶴林塔

鶴林玄素禪師四祖旁出，牛頭融禪師六世之孫，徑山國一禪師之師也。居京口鶴林寺，天寶十一年十一月中夜無疾而滅，壽八十五，建塔於於黃鶴山。

道箇佛來也不著　骨頭節節是黃金
不消三拜勘破了　鶴喉空山竹滿林

鶴林因僧來扣門。師問：「是甚麼人？」曰：「是僧。」師曰：「非但是僧，佛來亦不著。」曰：「為甚麼不著？」師曰：「無汝棲泊處。」第一句，箇之佛來亦倚不著的，即鶴林突出其真面目，此是弔古之法也。第二句，箇臭皮袋，自足之爪先至頭頂上整箇節節之骨片止，盡是黃金佛身，無比此外有貴重之物，以著語於第一句。

第三句，今來鶴林塔下，未層三拜，早已勘破了鶴林屋裏（能見定合點之義）。第四句，就鶴林其高風而言，恁麼勘破他都如鶴啼於空山、如竹滿林了。鶴唳高飛雲外天，卻卻尋常的燕雀輩那能知其消息之處；修竹葉葉起清風，非他之荊棘所擬之所。來禮塔之門已仰知其高標？首尾用鶴林之機緣字，作者之力有餘也。

焦山侍者

焦山在京口江心，此山大山環繞，每風四起勢欲飛動，故有浮玉山之名。

紛紛野鴨起平沙　鼻血淋漓兩眼花
自古慎家防禍事　海門愁見雁行斜

百丈因侍馬祖行次，忽見野鴨子飛過。祖云：「是什麼？」丈云：「野鴨子。」祖云：「什麼處去。」丈云：「飛過去。」祖便把丈鼻頭扭住，丈忍痛失聲叫阿哪哪。祖云：「何曾飛過去？」丈因是大悟云云。第一句，舉此機緣頌之。「紛紛」者鴨群亂槽槽地在平沙飛起之樣子也。昔日百丈作馬祖之侍者時於行路之次，有野鴨子飛起之古則云。今野鴨子紛紛由平沙起飛，問侍者看到什麼。第二句，百丈答云「飛過去」，當時被馬祖捏鼻疼痛不堪，由鼻孔淋漓流血，從兩眼閃出火一樣地火花，其忍痛失聲之時，如電光石火之間徹底大悟。第三句，今此焦山侍者是卻卻依用心深警的人，常防禍事注意萬事故，不會被馬祖捏鼻一樣地惹禍人物，如百丈不覊放膽之輩。時時小心翼翼者，次句暗示其百丈大人物來獎勵此侍者。第四句，焦山是濱邊海門也，都注意濱邊之平沙看到斜起雁行，大驚愁為是否野鴨子，蓋為小心之侍者也，何觸一大禍事而破壞從前的小心翼翼之小智去？

月洲乘和尚

寶巖月洲法乘和尚嗣惠西巖，西巖嗣無準。古句云，有時乘明月，不覺過滄洲。

無參

頌號。

得罷休時且罷休　南詢著甚麼來由
情知五十三知識　門掩西風一樣秋

第一句，他年撥草參玄逢諸方之善知識，撥了我心上田地之草，參至其真性之玄旨，終於打失了從前之惡知惡覺的世智便聰鼻孔，始至大安樂罷參休歇之時節，故參至無參始得真參。第二句，《華嚴•入法界品》，善才童子展轉南行經由一百一十城，參詢五十三人善知識云云。已罷休無參之時候了，白蹈南方一百餘城之煙水何用？去徹見元來自己本具之真性而已，何得他求，善才之南詢經往來幾何的里程有什麼所得？第三句，情知善才歷參的五十三善知識都皆是無參者。第四句，若得到其無參之玄旨者，都明示其境界的，好像：門頭秋暮木葉盡落，蕭蕭風寒如何寂寞。無來尋者，善才見了五十三善知識，最後來至彌勒樓閣之前，願勒彈指一聲樓閣之門開，善才入內，閣門又閉，是無參罷休之處也。故曰，「善才別後無消息，落日樓臺一笛風。」

雪樵

號頌。

撈到孤峰不白處　全身猶墮棘林中
至家擔子兩頭脫　柴自青兮火自紅

曹善本寂禪師因僧問，「雪覆千山為甚麼孤峰不白？」師云：「異中異。」問：「如何是異中異？」師云：「不墮諸山色。」第一句，以「孤峰不白」之則來頌「雪」字，推分逼到此向上「孤峰不白」之處，並不是簡單，斯舉揚不墮諸山色。第二句，撈到什麼孤峰不白之處，咄咄，甚是空想了，不是全身猶墮在荊棘林地採薪嗎？此句頌「樵」字，墮在棘林中視為對抑第一句之舉揚。第三句，拈來擔出「孤峰不白」與「棘林中」兩箇話頭，但本來樵父何所有，終日流汗採薪，荷來重擔至日暮，始為家穩坐，至此境界方為「孤峰不白」之處或在「棘林中」擔出前後兩頭擔，脫卸其薪見之。第四句，現成底其採來之柴自是青柴也，但此青柴焚火其「火自紅」也，此處之異中異，是否其不墮諸山色！抑是由雪白中採青柴變成紅火，是不是為曹山老之向上一著？大智之歌云：烏在霄中或埋在雪中，只聞其啼聲就明其是黑。

竹堂

頌號。

曲曲斜斜垂示處　也知多福老婆心
若還真正舉揚去　荒草階前一丈深

僧問：「多福，如何是多福一叢竹？」師云：「一莖兩莖斜。」僧云：「學人不會。」

師云：「三莖四莖曲。」第一句，拈此則來為竹堂之機緣，一莖兩莖是斜也，三莖四莖是曲也，多福之所垂示之處即一叢竹。第二句，依此一叢竹之問答可知多福之老婆心切，竹是元來直節虛心者，能將竹摸索出「曲曲斜斜」都是此處之「老婆心」。第三句，若月洲真心去「舉揚」之，即第一、第二之「多福老婆」之手段轉化。第四句，長沙岑禪師上堂曰：「我若真正舉揚去，法堂前草深一丈。」黃龍曰：「多福一叢竹。」於是頓證云云。蓋三、四之二句是因「堂」字頌之，於此取來長沙之一轉語，為「荒草階前一丈深」，庭前荒蕪茅茫繁生一丈深也，連其竹亦被草埋覆，竹草難分，喻此法堂前是難倚的，而奪去之，此乃是月洲之腕力也。

九峰昇和尚

瑞州九峰山高四五十里，其峰奇秀，古抄云：師承未考。

香嚴擊竹

香嚴和尚泣辭溈山，直抵南陽覩忠國師遺跡，遂憩止焉。一日因芟草，以瓦礫擊竹作聲，忽然醒悟，遙禮溈山。讚云：「和尚大悲，恩逾父母，當時若為我說破，何有今日之事？」乃有一偈云，「一擊忘所知，更不假修治，動容揚古路，不墮悄然機，處處無蹤跡，聲色外威儀，諸方達道者，咸言上上機。」

放下身心如弊箒　拈來瓦礫是黃金
驀然一下打得著　大地山河一法沉

第一句，香嚴雖在溈山之所純一地修行，卻不悟，自是泣辭溈山，去弔忠國師之遺跡，在其處暫時棲上居之，當時真實放下了「身心如弊箒」一樣。第二句，如斯放下身心聊無色身之留戀愛著，如大燈國師在五條橋下當乞食者，其歌云：「浮事尚礙此身，滅念豈可不捨。」香嚴亦如此連善念頭都不留的境界，而在刈草清掃，一時掃其瓦礫入於竹林中擊著竹出聲，當時於是開悟，因此頌之此瓦礫都如黃金了。第三句，述其瓦礫擊竹形容，「驀然一下打得著」，正打著之義也。第四句，其驀然一下聽著出聲之處，不但身心放下而已，山河大地盡乾坤都被此瓦礫擊竹之聲而皆沉歿了，於是踴出父母未生前之香嚴，由一法而萬法沉，故云「一法沉」，來兼其起上之勢也。

鞭更鼓

《智度論》云：「譬如牛皮未柔不可屈折，無信人亦如是；譬如牛皮已柔隨用可作，有信人亦如是。」今設此題有深意，「更鼓」者時之大鼓也。

爛木頭邊釘釘著　死牛皮有活機關
須彌槌子輕拈出　撼動一天星斗寒

第一句，「爛木」即朽木，言大鼓之胴箇也，「釘釘」即以釘釘皮附著也。蓋人人箇箇之體畢竟爛木筒也，依打附著業繫苦報故有善惡是非之感覺力也。元來過去之根本無名即同此爛木筒也。即釘釘著宿因之業，堅固粘付著的意思也。第二句，此業本來像死牛皮一樣，四大五蘊何無作用，只是爛木頭上加以釘釘付著，因受此業繫苦報之人身故卻成活機關。什麼活機關？打之即響。蓋煩惱即菩提也，爛木頭邊有打粘著死牛皮，即成大鼓活機關也。四大五蘊皆空而棄置之，只有「爛木頭」、「死牛皮」即無任何作用，弄得死蛇為活龍底之手段。看看，第三句，《寶積經》云：「須菩提言，世尊記我聲聞人中無諍三昧最為第一，是三昧門我今已得，我若入定正使有人具大神力，以百億四天下為一大鼓，取須彌山為一大槌於我定時，令一大人住在我前執彼大槌檛擊大鼓無暫休廢，乃至經劫如是鼓聲尚不入耳，何況亂心，能令我定出。」鹽官示眾云：「虛空謂鼓，須彌為槌，甚麼人打得？」眾無對。南泉聞云：「王老師不打這破鼓。」誇大地指出九峰是等之典據來輕拈出須彌槌子，蓋要打此虛空之大鼓，要以須彌為槌，輕輕振九峰以其須彌等頭打撾之。鼇空氏曰，九峰好事漢，何用須彌槌。堪笑九峰關係甚，吾濃拈出爛枯藤。第四句，是活機關底也，以須彌槌打大虛空之大鼓，即會撼動滿天星斗，其聲音會響度全世界，抑持出四大五蘊「爛木頭」、「死牛皮」木槌漢，來具是活機關乃正眼宗師以須彌之辛辣錐槌，驀頭打踞，粉身碎骨，打得從前之業繫苦報我意我見惡智惡覺一微塵無餘，打鍊得去礦而後成真金，乃是撼動天地之事也。案語江湖諸禪師，誰聞九峰更鼓聲。

憩庵

號頌。

外息諸緣魚止濼　內心無喘鳥棲蘆
老胡開這般門戶　帶累兒孫在半途

僧肇法師《寶藏論》曰：「夫進道之中有萬途，困魚止濼，病鳥棲蘆」云云。說者曰，此舉事以況漸，言學者進悟之心由也，途道也，即八萬四千法門，隨機為解，如困魚上病，病鳥棲蘆，雖各得所安，俱未至於大海深林云云。「濼」是死水也，山東名濼，幽州名湜，死水是陂澤行潦之類。初祖達磨大師謂二祖曰：「汝外息諸緣，內心無喘，心如牆壁，可以入道。」第一、第二句，「外息諸緣」、「內心無喘」者，皆是祖師方便說，元來無內外，心至無心，息諸緣無喘皆贅語也，以為箇樣的方便說為本分來心得者，到底無法會得宗旨出來，都恰似「魚止」於行潦死水無法到大海，鳥之棲蘆不能入深林，皆止於半途為足，此頌「憩」字也。第三句，以中國指天竺為胡，貶語也。祖師是天竺僧，中國之通語云胡僧，故以通語抑稱之，達磨云胡僧，「老胡」之達磨，開了外息諸緣等這樣的門戶，真是說了不中用話，此句依開門戶之字而暗頌「庵」字。第四句，因為敲了箇樣的無用語故，鈍根的兒孫只為此句所帶累，不能至於本分之田地，「憩庵」如何地止於半途，或如《法華•化城喻品》云，來到寶所而於中途止息之類耶？憩庵憩庵，請至歸家穩坐之地，大休歇去！

婺州雪巖欽和尚

破庵下嗣無準。

斗山

號頌。

平量大地滿量空　屹立一方蒼翠中
太華看來升子許　從教煙雨自濛濛

第一句，頌「斗」字。斗元來是量米之器云，十升為一斗，升為斗之十分之一，此句是雪巖在達觀上看，乾坤容於一斗之中。「平量大地」者，即以一字來量也，大地平坦即以一字量之，如立形看之故云「平量大地」。「滿量」即盛之如山而量也，斗山是依平地突出凸字形，故空為滿量云。空是太虛而是高處，堆盛在其高處云。得頌一句斗山餘無所處也，是雪巖達現乾坤的境界以斗山頌之。第二句，「屹立」云秀出之趣，此山屹立一方超然出於蒼翠之中，如泰山大嶽屹立於眾山蒼翠之中聳入白雪雲天，斗山突破天荒非眾嶽所比，興其壯觀也。第三句，此句以斗山本位頌之，「太華」是禹城為五嶽之一，其高五千仞，其廣十里，頂有池生千葉蓮華，服之可羽化云。如此高靈之太華山，若依斗山看來只是十分之一，如「升子許」也。此有據處，天台《止觀輔行傳弘決》卷五湛然述之，升即斗之十分一也，太華山從斗山面前而見云只十分之一也云云。故以斗山為本位頌之，即太華如升子許也，興頌其高大也。以應第一句之滿量虛空。第四句，此斗山之最高嶺是屹立物表，突出雲際故，始自彼太華及眾山的濛濛煙雨中所包，「從教」即儘其怎麼包，我都屹立於煙雨之外亭亭突出晴空之意，形容本位之斗山的高大，以煙雨之句來描其眾山尚低，無法比起在畫面之妙趣也，高聳雲表霄中，仰之不見其頂也。鑿空氏案此偈第一、二句，是述其就斗山之開展自在，初安置斗山於乾坤，次而從斗山屹立天際，展之則彌滿乾坤，縮之則在方寸，句法自在也。第三、四句是斗山向上之處，述其不被無名煩惱之煙雨所覆，結收更有力也。

笑峰

號頌。

破顏無語暗藏刀　一段精神五嶽高
可憐瞿曇還不峭　更拋沙土口叨叨

世尊在靈山拈一枝花之示眾，眾皆默然，惟有迦葉破顏微笑云云。唐李義府貌若溫恭，與人嬉娛，而胸裏險狡忌克，人謂笑中有刀。第一句，就「笑」字即用此典實。世尊拈起一枝金波羅華時，人天百萬眾皆默然無言，獨金色頭陀迦葉破顏微笑，此微笑中有暗藏殺人刀活人劍。李林甫之笑中有刀是為逞一己之奸曲，迦葉之微笑是過去七佛以來，的的相承之慧命相續微笑。即今笑峰如何，笑中有刀否，直以活機鋒來寸寸斬倒八萬四千煩惱賊呢？以「笑」之一字試試商量看。第二句頌「峰」字。那麼迦葉之微笑批評怎樣，其精神抽出人天百萬一段，恰如五嶽高聳眾山一樣，此峭峻峭立之姿態，即如微笑中藏刀了，佛觸之斷佛，魔觸之斷魔，無著手腳之處，即今笑峰如何，峭峻也！如直立雪嶽之干將鏌耶為五嶽一樣。第三句，甚麼釋迦說法五時七教四十九年三百餘會，太無聊鈍事了，「可憐瞿曇」氏此破顏，藏刀底之活機對之還不夠峭！前二句揚世尊，故此後二句抑之，為之抑揚法云。第四句，甚麼拋土塊啦，散砂磚啦，都是振撒了很多無用之物，經文有五千餘卷，都是饒舌之濁物，「口叨叨」是多言之意，蓋云峭云沙土皆應「峰」字所置之字，「口」字即應笑字，古人之製作不苟布字也。

江西南洲珍和尚

嗣石溪月。

送人之廬山

耆宿門庭已徧參　三三非九隻非單
石房秋晚歸來日　滿面風霜五老寒

第一句，往廬山之僧，至今已經立過諸方耆宿名衲之門庭辛參苦行了，故云「已徧參」。第二句，徧參了愈難透難解後已經透過以上，都不會落於種種之算數譬喻的方便門，三來三重成為九數，但其三三亦非九地消遣之，隻本來是單獨之數，而其「隻」亦「非單」而消遣之，即一多不二之境界也。一即一切，一切即一，若消遣去了即成一多不二，此為離四句絕百非，自在之境界也。第三句，如以上歷參諸方耆宿門庭，修行亦充分成就，要歸家穩坐於廬山石房之日了。有他釋謂由廬山要歸石房，此是誤釋也。廬山有白石僧房，故云「石房秋晚歸來日」是離別南洲時要到廬山，豫想其到著時候而頌者也。漸入佳境。第四句現成底公案也，白石僧房之面前有五老峰高聳著，到了晚秋一定紅葉都美好了，有覺五老峰滿山面都轉為風霜之景色淒寒呢？五老峰者，昔日堯帝遊首陽，首陽當在廬山之東南，有五老人鬢髮皓然意氣高閑，堯召之欲仕，老人笑之飛登此峰入於昴星中，後人名此山為五老峰云。又《勝覽》云，南康軍五老峰在廬山，五峰相連故名，浮圖老子之宮皆在其下，又五老峰是在廬山棲賢寺之後，其狀如五老人相揖，古人頌云：不到廬山不是僧，到得廬山也是能，苦賣菜羹苦冰飯，如今思量也頭痿。王摩詰之詩云，「掛蓆一千里，名山未曾逢，泊舟潯陽廓，始見香廬峰」，云也。

新編江湖風月集（卷上）終

附錄：

《一真法句淺說》

悟光上師《證道歌》

一真法句淺說

嗡乃曠劫独稱真，六大毘盧即我身，時窮三際壽無量，體合乾坤唯一人。文

嗡又作唵，音讀嗡，嗡即皈命句，即是皈依命根大日如來的法報化三身之意，法身是体，報身是相，化身是用，法身的体是無形之体性，報身之相是無形之相，即功能或云功德聚，化身即体性中之功德所顯現之現象，現象是体性功德所現，其源即是法界体性，这体性亦名如來德性，佛性，如來即理体，佛即精神，理体之德用即精神，精神即智，根本理智是一綜合体，有体必有用。現象万物是法界体性所幻出，所以現象即実在，當相即道。宇宙万象無一能越此，此法性自曠劫以來独一無二的真実，故云曠劫

独稱焉。此体性的一中有六种不同的性質、有堅固性即地、地並非一味，其中還有無量無邊屬堅固性的原子、綜合其堅固性假名為地。是遍法界無所不至的，故云地大。其次屬於濕性的無量無邊德性名水大、屬於煖性的無量無邊德性名火大、屬於动性的無量無邊德性曰風大。屬於容納無礙性的曰空大。森羅万象、一草一木、無論动物植物礦物完全具足此六大。此六大之總和相涉無礙的德性遍滿法界、名摩訶毘盧遮那、即是好像日光遍照宇宙一樣、翻謂大日如來。吾們的身体精神都是祂幻化出來、故云六大毘盧即我身。這毘盧即是道、道即是創造万物的原理。當然万物即是道体。道体是無始無終之灵体、沒有時間空間之分界、是沒有过去現在未來、沒有東西南北、故云時窮三陀的無量壽命者，因祂是整個宇宙為身，一切万物的新陳代謝為命，永遠在創造為祂的事業，祂是獨單的不死人，祂以無量時空為身，沒有與第二者同居，是個絶对孤單的老人，故曰體合乾坤唯一人。

虚空法界我獨步，森羅万象造化根，宇宙性命元靈祖，光被十方無故新。文

祂在這無量無邊的虚空中自由活動，我是祂的大我法身位，祂容有無量無邊的六大體性，祂有無量無邊的心王心所，祂有無量無邊的万象種子，祂以蒔種，以各不同的種子與以滋潤，普照光明，使其現象所濃縮之種性與以展現成為不同的万物，用祂擁有的六大為其物體，用祂擁有的叡智精神（生其物）令各不同的万物自由生活，是祂的大慈大

悲之力、祂是万象的造化之根源，是宇宙性命的大元灵之祖，万物生從何來？即從此來、死從何去？死即歸於彼處，祂的本身是光、万物依此光而有，但此光是窮三际的无量寿光，这光常住而遍照十方，沒有新舊的差別。凡夫因执於時方，故有过去現在未來的三际、有東西南北上下的十方觀念、吾人若住於虛空中、即三际十方都沒有了。物质在新陳代谢中凡夫看來有新舊交替。这好像機械的水箱依其循環、進入來為新、排出去為舊。根本其水都沒有新舊可言。依代谢而有時空、有時空而有寿命長短的觀念，人們因有人法之执、故不能窺其全体、故迷於現象而常沉苦海无有出期。

、隱顯莫測神最妙、璇転日月貫古今、貪瞋煩惱我參歸、

生殺威權我自興　文

毘盧遮那法身如來的作業名羯磨力，祂從其所有的種子
注入生命力，使其各類各各需要的成分發揮變成各具的德
性呈現各其本誓的形体及色彩、味道，將其遺伝基因寓於
種子之中，使其繁衍子孫，這源動力還是元靈祖所賜。故
在一期一定的過程後而隱沒，種子由代替前代而再出現，
這種推動力完全是大我靈体之羯磨力，從此看來的確太神
奇了，太微妙了。不但造化万物，連太空中的日月星宿亦
是祂的力量所支配而旋轉不休息，祂這樣施與大慈悲心造
宇宙萬象沒有代價，真是慈母心，吾們是祂的子孫，卻不
能荷負祂的使命施與大慈悲心，迷途的眾生真是辜負祂老
人家的本誓的大不孝之罪。祂的大慈悲心是大貪，眾生欲

負祂的本誓、祂会生氣、這是祂的大瞋、但衆生還在不知不覺的行為中、如有怨嘆、祂都不理而致之、這是賜我們衆生好了地生活着、這是祂的大癡、這貪瞋癡是祂的心理祂本有的德性、本来具有的、是他的密號。祂在創造中不斷地成就衆生的成熟。如菓子初生的時只有發育、不到成熟不能食、故未成熟的菓子是苦澀的、到了長大時必須使其成熟、故應以殺氣才能成熟、有生就應有殺、加了殺氣之後成熟了、菓子就掉下来、以世間看来是死、故有生必有死、這種生殺的權柄是祂獨有，万物皆然，是祂自然興記斷、故云生殺威權我自興。祂恐怕祂創造落空、不斷地動祂的腦筋便祂創造不空成就、這些都是祂為衆生的煩惱這煩惱還是祂老人家的本誓云密號，本有功德也。

六道輪迴戲三昧，三界唯納在一心，魑魅魍魎邪精怪，妄為執着意生身。」文

大我佛性的創造中有動物植物礦物，動物有人類、禽獸、水族、昆虫類等具有感情性欲之類，植物乃草木具有繁殖子孫之類、礦物即礦物之類。其中人類的智能組織特別灵敏，感情愛欲思考經驗特別發達，故為万物之灵長、原始時代大概相安無事的，到了文明發達就創了禮教，有了禮教就將教化使其返璞歸真，創了教條束縛其不致出規守其本分，却成其反造成越規了，這礼教包括一切之法律。法律並非道之造化法律，故百密一漏之處在所難免，有的法律是保護帝王万世千秋不被他人違背而設的，不一定对於人類自由思考有幫助，所以越嚴格越出規，所以古人

設亂出有大偽、人類越文明越不守本份，欲望橫飛要衝出自由，自由是万物之特權之性。因此犯了法律就成犯罪。罪是法沒有自性的、看所犯之輕重論處、或罰款或勞役或坐牢，期間屆滿就無罪了。但犯了公約之法律或逃出法網不被發現、其人必会悔而自責、誓不復犯、那麼此人的心意識就有洗滌潛意識的某程度，此人必定還会死後再生為人、若不知仍悔但心中還常感苦煩、死後一定墮地獄、若犯罪畏罪而逃不敢面対現實、心中恐懼怕人發見、這种心意識死後会墮於畜生道。若人欲望熾盛欲火冲冠、死後必定墮の餓鬼道。若人作善意欲求福報死後会生於天道。人心是不定性的、所以在六道中出沒沒有了時、因為它是凡夫不悟真理才会感受苦境。苦樂感受是三界中事。若果修行悟了道之本體，与道合一入我我入，成為乾坤一人的境界、向下觀此大道即是產出發的現像，都是大我的三昧遊戲吧了。能感受所感受的三界都是心，不但三界、十界亦是心。故三界唯納在一心。魑魅魍魎邪精怪是山川木石等乃孕育天地之靈氣，然後受了動物之精液幻成，受了人之精液即能變為人形，受了猴之精液變猴，其他類推，這種怪物即是魔鬼，它不會因過失而懺悔，任意胡為，它的心是是一種執著意識，以其意而幻形，此名意成身。幻形有三條件，一是幽質，二是念朔材質，三是物質，比如說我們要畫圖，在紙上先想所畫之物，這是幽質，未動筆時紙上先有其形了。其次提起鉛筆繪個形記稿，此即念朔材質，次取來彩色塗上，就變成立體之相，都可亂真了。

喑啞聵聾殘廢疾、病魔纏縛自迷困、心生覺了生是佛、心佛未覺佛是生。

文

人們自出生時或出生了後，罹了喑啞、或眼盲、或耳聾或殘廢疾病、都於前生所作的心識有關、過去世做了令人憤怒而被打了咽喉、或眼目、或殘廢、或致了病入膏肓而死、自己還不能懺悔、心中常存怨恨、這種潛意識帶來投生，其遺傳基因被其破壞，或在胎內或出生後會現其相。前生若能以般若來觀照五蘊皆空、即可洗滌前愆甚至解縛証道、影生因迷（不懂）於宇宙真理、執着人法故此也。人們的造惡業亦是心、心生執着而不自覺即迷沉苦海、若果了悟此心本來是佛性、心生迷境而能自覺了、心即回歸本來面目、那個時候迷的影生就是佛了。這心就是佛、因影生迷而

不覺故佛而變衆生，是迷悟之一念間，人們在該生心之起
念間要反觀自照以免隨波着流。
罪福本空無自性，原來性空無所憑，我這一覺超生死，
慧光朗照病除根」文
罪是違背公約的代價，福是善行的人間代價，這都是人
我之間的現象界之法，在佛性之中都沒有此物，六道輪迴
之中的諸心所法是人生舞台的法，人們只迷於舞台之法，
未透視演戲之人，戲是假的演員是真的，任緣演什麼好忠
角色，對於演員本身是毫不相關的，現像無論怎麼演变，
其本來佛性是如如不動的，所以世間之罪福無自性，原來
其性本空，沒有什麼法可憑依。戲劇中之盛衰生死貪富根
本有佛性的演員都沒有一回事。法華經中的譬喻品有長者

子的寓意故事、有位長者之子本來是無量財富、因出去玩要被其他的孩子帶走、以致迷失不知回家、成為流浪兒、到了長大還不知其家、亦不認得其父母、父母還是思念、但迷兒流浪了終於受傭於其家為奴、双方都不知是父子關係、有一天來了一位和尚、是有神通的大德、對其父子說你們原來是父子、那個時候當場互為相認、即時回復父子關係、子就可以繼承父親的財產了。未知之前其子還是貧窮的、了知之後就成富家兒了。故喻迷沉生死苦海的眾生若能被了悟的大德指導、一覺大我之道就超生死迷境了。了生死是了解生死之法本來迷境、這了情就是智慧、智慧之光朗照、即業力的幻化迷境就消失、病魔之根就根除了

阿字門中本不生、吽開不二絕思陳、五蘊非真業非有、

能所俱泯雙遣主賓。文

阿字門即是涅槃佛、是不生不滅的佛性本体、了知諸法自性本空沒有實体，眾生迷於人法，金剛般若經中說的四相、我相、人相、眾生相、壽者相，凡夫迷著以為實有，四相完全是戲論、佛陀教吾們要反觀內照，了知現象即實在，要將現象融入真理，我與道同在，我與法身佛入我我入成為不二的境界，這不二的境界是絕了思考的起沒，滅了妄諸念頭，靈明獨耀之境界，所有的五蘊是假的，這五蘊堅固就是世間所云之靈魂，有這靈魂就要輪迴六趣了。有五蘊就有能思與所思的主賓關係，要滅心所諸法而執着、能所主賓斷了，心如虛空，心如虛空故與道合一，即時回歸不生不滅的阿字門，不然的話，迷着於色聲香味觸之法而認為真，故生起貪愛，瞋恚、愚癡等罪蓋佛性，把了生死苦樂感受，諸法是戲論，佛性不是戲論，佛陀教吾們不可認賊為父。

了知三世一切佛、應觀法界性一真、一念不生三三昧、我法二空佛印心。云

應該知道三世一切的覺者是怎樣成佛的，要了知一個端的真觀這法界森羅萬象是一真實的涅槃性所現，這是過去佛現在佛未來佛共同所修觀的方法，一念生万法現，一念若不生就是包括了無我、無相、無願三種三昧，這種三昧是心空，不是無知覺，是視之不見、聽之不聞的靈覺境界此乃一真法性當体之狀態，我執法執俱空即是入我入、佛心印我心、我心印佛心，達到這境界即入禪定，禪是体

定是心不起，二而一，眾生即佛。釋迦拈花迦葉微笑印此端的。因為迦葉等五百羅漢，均是不發大心的外道思想意識潛在，被開了方便手指畢波羅花輾動，大眾均不知用意，但都啞然一念不生注視着，這端的當作印佛性本來面目，可惜錯過機會，只有迦葉微笑表示領悟，自此別開一河的無字法門禪宗，見性了緣不能發大心都是獨善其身的自了漢。

菩薩金剛執着家，三緣無住起悲心，天龍八部隨心所、神通變化攝鬼神。文

羅漢在高山打蓋睡，菩薩落荒草，佛在世間不離世間覺，羅漢入定不管世事眾生死如在高山睡覺，定力到極限的時候就醒來，會起了念頭，就隨下來了。菩薩是了悟眾生

本质即佛德、已知迷是苦海、觉悟即极乐、菩萨已彻底了悟了、它就不怕生死、而惑润生、拯救沉没海中的众生、如人已知水性了、入于水中会游泳，苦海变成泳池、众生是不知水性故会沉溺，菩萨入于众生群中、犹如一支好花入于蔓草之中、鹤立鸡群，一支独秀。佛世间、众生世间、器世间、都是法界体性所现、在世间觉悟道理了、就是佛、所以佛在世间并无离开世间。佛是世间众生的觉悟者菩萨为度众生而开方便法门、但有顽固的众生不受教训、菩萨就起了忿怒相责罚，这就是金刚、这是大慈大悲的佛心所流露之心所，其体即佛，心王心所是佛之眷属、这种大慈大悲的教化众生之心所、是没有能度所度及功劳的心无住生心、归纳起来菩萨金刚都是大悲毘卢遮那之心。

此心印佛心，要度天或鬼神就變化同其趣。如天要降雨露均諸法界眾生就變天龍，要守護法界眾生就變八部神將，都是大日如來心所所流出的。祂的神通變化是莫測的，不但能度的菩薩金剛、連鬼神之類都是毘盧遮那普門之一德，普門之多的總和印總持，入了總持印普門之德具備、這總持印是心。

無限色聲錄寫相、文覽加持無之身，融我法句認諦理、

一轉諦指立歸真空

心是宇宙心，心包太虛，太虛之中有無量基因德性、無量基因法性印普門、色印現前之法、聲印法相之語、語印道之本体、有其聲必有其物、有其物即有其色相、無限的基因德性、顯現無限不同法相、觸認識之本体即佛性智德

、顯現法相之理即理德、智德曰文殊、理德曰普賢，法界之森羅萬象即此理智冥加之法，無量無邊之理德及無量無邊之智德，無論一草一木都是此妙諦至之冥加的總和，以是基因德性之不同，顯現之物或法都是各各完成其使命之相，若不如是萬物即呈現法一色、一味、一相，都沒有各各之使命標幟了。這無限無量的基因德性曰功德，這功德都藏於一心之如來藏中，凡夫不知故認後天收入的塵法為真，將真而假合體，認為阿賴耶識，有此沉迷三界苦海了。人們若果睹了這道理而覺悟，即不執于塵之地成佛了。

附錄：《一真法句淺説》——悟光上師《證道歌》

【全文】

嗡乃曠劫獨稱真，六大毘盧即我身，時窮三際壽無量，體合乾坤唯一人。
虛空法界我獨步，森羅萬象造化根，宇宙性命元靈祖，光被十方無故新。
隱顯莫測神最妙，璇轉日月貫古今，貪瞋煩惱我密號，生殺威權我自興。
六道輪回戲三昧，三界匯納在一心，魑魅魍魎邪精怪，妄為執著意生身。
喑啞蒙聾殘廢疾，病魔纏縛自迷因，心生覺了生是佛，心佛未覺佛是生。
罪福本空無自性，原來性空無所憑，我道一覺超生死，慧光朗照病除根。
阿字門中本不生，吽開不二絕思陳，五蘊非真業非有，能所俱泯斷主賓。
了知三世一切佛，應觀法界性一真，一念不生三三昧，我法二空佛印心。
菩薩金剛我眷屬，三緣無住起悲心，天龍八部隨心所，神通變化攝鬼神。
無限色聲我實相，文賢加持重重身，聽我法句認諦理，一轉彈指立歸真。

嗡乃曠劫獨稱真，六大毘盧即我身，時窮三際壽無量，體合乾坤唯一人。

【釋義】

嗡又作唵，音讀嗡，嗡即皈命句，即是皈依命根大日如來的法報化三身之意，法身是體，報身是相，化身是用，法身的體是無形之體性，報身之相是無形之相，即功能或云功德聚，化身即體性中之功德所顯現之現象，現象是體性功德所現，其源即是法界體性，這體性亦名如來德性、佛性，如來即理體，佛即精神，理體之德用即精神，精神即智，根本理智是一綜合體，有體必有用。現象萬物是法界體性所幻出，所以現象即實在，當相即道。宇宙萬象無一能越此，此法性自曠劫以來獨一無二的真實，故云曠劫獨稱真。此體性的一中有六種不同的性質，有堅固性即地，地並非一味，其中還有無量無邊屬堅固性的原子，綜合其堅固性假名為地，是遍法界無所不至的，故云地大。其次屬於濕性的無量無邊德性名水大，屬於煖性的無量無邊德性名火大，屬於動性的無量無邊德性曰風大，屬於容納無礙性的曰空大。森羅萬象，一草一木，無論動物植物礦物完全具足此六大。此六大之總和相涉無礙的德性遍滿法界，名摩訶毘盧遮那，即是好像日光遍照宇宙一樣，翻謂大日如來。吾們的身體精神都是祂幻化出來，故云六大毘盧即我身，這毘盧即是道，道即是創造萬物的原理，當然萬物即是道體。道體是無始無終之靈體，沒有時間空間之分界，是沒有過去現在未來，沒有東西南北，故云時窮三際的無量壽命者，因祂是整個宇宙為身，一切萬物的新陳代謝為命，永遠在創造為祂的事業，祂是孤單的不死人，祂以無量時空為身，沒有與第二者同居，是個絕對孤單的老人，故曰體合乾坤唯一人。

虛空法界我獨步，森羅萬象造化根，宇宙性命元靈祖，光被十方無故新。

祂在這無量無邊的虛空中自由活動，我是祂的大我法身位，祂容有無量無邊的六大體性，祂有無量無邊的心王心所，祂有無量無邊的萬象種子，祂以蒔種，以各不同的種子與以滋潤，普照光明，使其現象所濃縮之種性與以展現成為不同的萬物，用祂擁有的六大為其物體，用祂擁有的睿智精神（生其物）令各不同的萬物自由生活，是祂的大慈大悲之力，祂是萬象的造化之根源，是宇宙性命的大元靈之祖，萬物生從何來？即從此來，死從何去？死即歸於彼處，祂的本身是光，萬物依此光而有，但此光是窮三際的無量壽光，這光常住而遍照十方，沒有新舊的差別。凡夫因執於時方，故有過去現在未來的三際，有東西南北上下的十方觀念，吾人若住於虛空中，即三際十方都沒有了。物質在新陳代謝中凡夫看來有新舊交替，這好像機械的水箱依其循環，進入來為新，排出去為舊，根本其水都沒有新舊可言。依代謝而有時空，有時空而有壽命長短的觀念，人們因有人法之執，故不能窺其全體，故迷於現象而常沉苦海無有出期。

隱顯莫測神最妙，璇轉日月貫古今，貪瞋煩惱我密號，生殺威權我自興。

毘盧遮那法身如來的作業名羯磨力，祂從其所有的種子注予生命力，使其各類各各需要的成分發揮變成各具的德性呈現各其本誓的形體及色彩、味道，將其遺傳基因寓於種子之中，使其繁衍子孫，這源動力還是元靈祖所賜。故在一期一定的過程後而隱沒，種子由代替前代而再出現，這種推動力完全是大我靈體之羯磨力，凡夫看來的確太神奇了、太微妙了。不但造化萬物，連太空中的日月星宿亦是祂的力量所支配而璿轉不休息，祂這樣施與大慈悲心造宇宙萬象沒有代價，真是父母心，吾們是祂的子孫，卻不能荷負祂的使命施與大慈悲心，迷途的眾生真是辜負祂老人家的本誓的大不孝之罪。祂的大慈悲心是大貪，眾生負祂的本誓，祂會生氣，這是祂的大瞋，但眾生還在不知不覺的行為中，如有怨嘆，祂都不理而致之，還是賜我們眾生好好地生活著，這是祂的大癡，這貪瞋癡是祂的心理、祂本有的德性，本來具有的、是祂的密號。祂在創造中不斷地成就眾生的成熟。如菓子初生的時只有發育，不到成熟不能食，故未成熟的菓子是苦澀的，到了長大時必須使其成熟故應與以殺氣才能成熟，有生就應有殺，加了殺氣之後成熟了，菓子就掉下來，以世間看來是死，故有生必有死，這種生殺的權柄是祂獨有，萬物皆然，是祂自然興起的，故云生殺威權我自興。祂恐怕其創造落空，不斷地動祂的腦筋使其創造不空成就，這些都是祂為眾生的煩惱。這煩惱還是祂老人家的本誓云密號，本有功德也。

六道輪回戲三昧，三界匯納在一心，魑魅魍魎邪精怪，妄為執著意生身。

大我體性的創造中有動物植物礦物，動物有人類，禽獸，水族，蟲類等具有感情性欲之類，植物乃草木具有繁愆子孫之類，礦物即礦物之類。其中人類的各種機能組織特別靈敏，感情愛欲思考經驗特別發達，故為萬物之靈長，原始時代大概相安無事的，到了文明發達就創了禮教，有了禮教擬將教化使其反璞歸真，創了教條束縛其不致出規守其本分，卻反造成越規了，這禮教包括一切之法律，法律並非道之造化法律，故百密一漏之處在所難免，有的法律是保護帝王萬世千秋不被他人違背而設的，不一定對於人類自由思考有幫助，所以越嚴格越出規，所以古人設禮出有大偽，人類越文明越不守本分，欲望橫飛要衝出自由，自由是萬物之特權之性，因此犯了法律就成犯罪。罪是法沒有自性的，看所犯之輕重論處，或罰款或勞役或坐牢，期間屆滿就無罪了。但犯了公約之法律或逃出法網不被發現，其人必會悔而自責，誓不復犯，那麼此人的心意識就有洗滌潛意識的某程度，此人必定還會死後再生為人，若不知懺悔但心中還常感苦煩，死後一定墮地獄，若犯罪畏罪而逃不敢面對現實，心中恐懼怕人發現，這種心意識死後會墮於畜生道。若人欲望熾盛欲火衝冠，死後必定墮入餓鬼道。若人作善意欲求福報死後會生於天道，人心是不定性的，所以在六道中出歿沒有了時，因為它是凡夫不悟真理才會感受苦境。苦樂感受是三界中事，若果修行悟了道之本體，與道合一入我我入，成為乾坤一人的境界，向下觀此大道即是虛出歿的現象，都是大我的三昧遊戲罷了，能感受所感受的三界都是心，不但三界，十界亦是心，故三界匯納在一心。魑魅魍魎邪精怪是山川木石等孕育天地之靈氣，然後受了動物之精液幻成，受了人之精液即能變為人形，受了猴之精液變猴，其他類推，這種怪物即是魔鬼，它不會因過失而懺悔，任意胡為，它的心是一種執著意識，以其意而幻形，此名意成身，幻形有三條件，一是幽質，二是念朔材質，三是物質，比如說我們要畫圖，在紙上先想所畫之物，這是幽質，未動筆時紙上先有其形了，其次提起鉛筆繪個形起稿，此即念朔材質，次取來彩色塗上，就變成立體之相，幾可亂真了。

暗啞蒙聾殘廢疾，病魔纏縛自迷因，心生覺了生是佛，心佛未覺佛是生。

人們自出生時或出生了後，罹了暗啞、或眼盲、或耳聾或殘廢疾病，都與前生所作的心識有關，過去世做了令人憤怒而被打了咽喉、或眼目、或殘廢、或致了病入膏肓而死，自己還不能懺悔，心中常存怨恨，這種潛意識帶來轉生，其遺傳基因被其破壞，或在胎內或出生後會現其相。前生若能以般若來觀照五蘊皆空，即可洗滌前愆甚至解縛證道，眾生因不解宇宙真理，執著人法故此也。人們的造惡業亦是心，心生執著而不自覺即迷沉苦海，若果了悟此心本來是佛性，心生迷境而能自覺了，心即回歸本來面目，那個時候迷的眾生就是佛了。這心就是佛，因眾生迷而不覺故佛亦變眾生，是迷悟之一念間，人們應該在心之起念間要反觀自照以免隨波著流。

罪福本空無自性，原來性空無所憑，我道一覺超生死，慧光朗照病除根。

罪是違背公約的代價，福是善行的人間代價，這都是人我之間的現象界之法，在佛性之中都沒有此物，六道輪迴之中的諸心所法是人生舞台的法，人們只迷於舞台之法，未透視演戲之人，戲是假的演員是真的，任你演什麼奸忠角色，對於演員本身是毫不相關的，現象無論怎麼演變，其本來佛性是如如不動的，所以世間之罪福無自性，原來其性本空，沒有什麼法可憑依。戲劇中之盛衰生死貧富根本與佛性的演員都沒有一回事。《法華經》中的〈譬喻品〉有長者子的寓意故事，有位長者之子本來是無量財富，因出去玩耍被其他的孩子帶走，以致迷失不知回家，成為流浪兒，到了長大還不知其家，亦不認得其父母，父母還是思念，但迷兒流浪了終於受傭於其家為奴，雙方都不知是父子關係，有一天來了一位和尚，是有神通的大德，對其父子說你們原來是父子，那個時候當場互為相認，即時回復父子關係，子就可以繼承父親的財產了。未知之前其子還是貧窮的，了知之後就成富家兒了，故喻迷沉生死苦海的眾生若能被了悟的大德指導，一覺大我之道就超生死迷境了。了生死是瞭解生死之法本來迷境，這了悟就是智慧，智慧之光朗照，即業力的幻化迷境就消失，病魔之根就根除了。

阿字門中本不生，吽開不二絕思陳，五蘊非真業非有，能所俱泯斷主賓。

阿字門即是涅盤體，是不生不滅的佛性本體，了知諸法自性本空沒有實體，眾生迷於人法，《金剛般若經》中說的四相，我相、人相、眾生相、壽者相，凡夫迷著以為實有，四相完全是戲論，佛陀教吾們要反觀內照，了知現象即實在，要將現象融入真理，我與道同在，我與法身佛入我我入成為不二的境界，這不二的境界是絕了思考的起沒，滅了言語念頭，靈明獨耀之境界，所有的五蘊是假的，這五蘊堅固就是世間所云之靈魂，有這靈魂就要輪迴六趣了，有五蘊就有能思與所思的主賓關係，變成心所諸法而執著，能所主賓斷了，心如虛空，心如虛空故與道合一，即時回歸不生不滅的阿字門。不然的話，迷著於色聲香味觸之法而認為真，故生起貪愛、瞋恚、愚癡等眾蓋佛性，起了生死苦樂感受。諸法是戲論，佛性不是戲論，佛陀教吾們不可認賊為父。

了知三世一切佛，應觀法界性一真，一念不生三三昧，我法二空佛印心。

應該知道三世一切的覺者是怎樣成佛的。要了知一個端的應觀這法界森羅萬象是一真實的涅盤性所現，這是過去佛現在佛未來佛共同所修觀的方法，一念生萬法現，一念若不生就是包括了無我、無相、無願三種三昧，這種三昧是心空，不是無知覺，是視之不見、聽之不聞的靈覺境界，此乃一真法性當體之狀態，我執法執俱空即是入我我入，佛心即我心，我心即佛心，達到這境界即入禪定，禪是體，定是心不起，二而一，眾生成佛。釋迦拈花迦葉微笑即此端的，因為迦葉等五百羅漢，均是不發大心的外道思想意識潛在，故開了方便手拈畢波羅花輾動，大眾均不知用意，但都啞然一念不生注視著，這端的當體即佛性本來面目，可惜錯過機會，只有迦葉微笑表示領悟，自此別開一門的無字法門禪宗，見了性後不能發大心都是獨善其身的自了漢。

菩薩金剛我眷屬，三緣無住起悲心，天龍八部隨心所，神通變化攝鬼神。

羅漢在高山打蓋睡，菩薩落荒草，佛在世間不離世間覺，羅漢入定不管世事眾生宛如在高山睡覺，定力到極限的時候就醒來，會起了念頭，就墮下來了，菩薩是了悟眾生本質即佛德，已知迷是苦海，覺悟即極樂，菩薩已徹底了悟了，它就不怕生死，留惑潤生，拯救沉沒海中的眾生，如人已知水性了，入於水中會游泳，苦海變成泳池，眾生是不知水性故會沉溺，菩薩入於眾生群中，猶如一支好花入於蔓草之中，鶴立雞群，一支獨秀。佛世間、眾生世間、器世間，都是法界體性所現，在世間覺悟道理了，就是佛，所以佛在世間並無離開世間。佛是世間眾生的覺悟者，菩薩為度眾生而開方便法門，但有頑固的眾生不受教訓，菩薩就起了忿怒相責罰，這就是金剛，這是大慈大悲的佛心所流露之心所，其體即佛，心王心所是佛之眷屬，這種大慈大悲的教化眾生之心所，是沒有能度所度及功勞的心，無住生心，歸納起來菩薩金剛都是大悲毘盧遮那之心。此心即佛心，要度天或鬼神就變化同其趣。如天要降雨露均沾法界眾生就變天龍，要守護法界眾生就變八部神將，都是大日如來心所所流出的。祂的神通變化是莫測的，不但能度的菩薩金剛，連鬼神之類亦是毘盧遮那普門之一德，普門之多的總和即總持，入了總持即普門之德具備，這總持即是心。

無限色聲我實相，文賢加持重重身，聽我法句認諦理，一轉彈指立歸真。

心是宇宙心，心包太虛，太虛之中有無量基因德性，無量基因德性即普門，色即現前之法，聲即法相之語，語即道之本體，有其聲必有其物，有其物即有其色相，無限的基因德性，顯現無限不同法相，能認識之本體即佛性智德，顯現法相之理即理德，智德曰文殊，理德曰普賢，法界之森羅萬象即此理智冥加之德，無量無邊之理德及無量無邊之智德，無論一草一木都是此妙諦重重冥加的總和，只是基因德性之不同，顯現之物或法都是各各完成其任務之相。若不如是萬物即呈現清一色、一味、一相，都沒有各各之使命標幟了。這無限無量的基因德性曰功德，這功德都藏於一心之如來藏中，凡夫不知故認後天收入的塵法為真，將真與假合璧，成為阿賴耶識，自此沉迷三界苦海了，人們若果聽了這道理而覺悟，即不起於座立地成佛了。

—完—

新編江湖風月集(卷上)

修訂者

大 僧 正
哲學博士　釋悟光上師

編輯

玄覺

美術統籌

莫道文

美術設計

曾慶文

出版者

資本文化有限公司

地址：香港中環康樂廣場1號怡和大廈24樓2418室
電話：(852) 28507799
電郵：info@capital-culture.com
網址：www.capital-culture.com

鳴謝

宏天印刷有限公司

地址：香港柴灣利眾街40號富誠工業大廈A座15字樓A1, A2室
電話：(852) 2657 5266

出版日期

二〇一八年七月第一次印刷

ISBN 978-988-79156-0-7
Published in Hong Kong